逆转式沟通

钉子心理小组 著

北京联合出版公司
Beijing United Publishing Co.,Ltd.

图书在版编目（CIP）数据

逆转式沟通 / 钉子心理小组著. -- 北京：北京联合出版公司，2020.7
ISBN 978-7-5596-4210-3

Ⅰ.①逆… Ⅱ.①钉… Ⅲ.①心理交往—通俗读物 Ⅳ.①C912.11-49

中国版本图书馆CIP数据核字(2020)第072173号

逆转式沟通

著　　者：钉子心理小组
责任编辑：牛炜征
封面设计：仙　境
装帧设计：季　群　涂依一

北京联合出版公司出版
（北京市西城区德外大街83号楼9层　100088）
北京联合天畅文化传播公司发行
北京中科印刷有限公司印刷　新华书店经销
字数160千字　640毫米×960毫米　1/16　11.25印张
2020年7月第1版　2020年7月第1次印刷
ISBN 978-7-5596-4210-3
定价：32.80元

版权所有，侵权必究
未经许可，不得以任何方式复制或抄袭本书部分或全部内容
本书若有质量问题，请与本公司图书销售中心联系调换。
电话：（010）64258472—800

目录 CONTENTS

第一章

在不断逆转中变强

沟通的力量 — 002

充满套路的世界 — 008

并不亲密的亲密关系 — 013

用沟通带来彻底改变 — 019

在逆转中变强 — 024

恰当的沟通，也是一种保护 — 029

第二章

逆转第一步——理解对方的立场

我们无法定义世界 — 034

千万别用"竞赛思维"去沟通 — 039

"不可理喻"背后的极端合理 — 045

让对方充分说出自己 — 051

每个人都需要被懂得 — 055

第三章

逆转第二步——加入对方的行列

从"我和他",到"我和你"— 062
学习对方的语言 — 070
学习的误区 — 075
学会替对方发声 — 081
每一种声音,都有回响 — 085

第四章

逆转第三步——展示另外的可能

如何给出建议,对方愿意接受？— 092
暗示的力量 — 100
激活早已具备的改变力 — 110
杜绝过分"复盘" — 115
出其不意的展示 — 120

第五章
逆转第四步——主动寻求正向改变

我们对于改变的恐惧 — *126*
激活一场主动的转向 — *135*
允许慢速的改变 — *143*
生命自己知道答案 — *148*

第六章
不做局外之人,用沟通将彼此点亮

去沟通,消除困扰你的难题 — *154*
去沟通,搭建出你的"真诚关系" — *156*
去沟通,为了收获更好的你 — *159*
每个人都能做优秀的沟通者 — *164*
惊人的"逆转惯性" — *168*

第一章

在不断逆转中变强

灵魂拥有了它自己的耳朵，
能够听到头脑无法理解的事情。
你越是安静，
你所说的越能够被别人听见。
生命已经喘息过半，
剩下的日子除了爱，
再不要耕种其他。

——鲁米

沟通的力量

很多年前的一天,夕阳特别美。两个原始人看着眼前的景色,前所未有地发了通感慨,他们可能是这么说的——

原始人 A:"你看这个太阳它又大又圆。"

原始人 B:"像树上的果子它又香又甜。"

说完之后,两个人愣了大概四分之一炷香的工夫,因为这是他们有生以来,第一次表达吃饭打架交配以外的意思。他们有些蒙,还莫名地有点激动,但从那天起,他们的生活慢慢有了些变化。原始人开始用语言传递更多的信息,他们一起看雪看月亮,从部落里美丽的二丫谈到人生哲学。

原始人或许不会知道,他们正在参与物种进化中的重要一环。若干年后,人类正式脱颖而出,从动物界中的弱者,跃迁到食物链的顶端。

亿万年前两个原始人的一次交谈,真的能起到如此大的作用吗?开头的对话自然是想象的,但毋庸置疑的是,人类之所以能够成为地球上最具智慧的动物，以算不上强壮的身体坐拥大量资源，一个重要的原因就是，人类能进行复杂的沟通。

这似乎和我们的科学启蒙有些出入，无数课本、画报、讲座都告诉我们，人类与其他动物最大的区别在于"擅长使用工具"，还会配上一幅原始人正用石头剥开兽皮的插图，作为证明。

然而仔细想想，这种"擅长"既然能够得到推广，最终成为人类的一个重要属性，靠的又是什么？那些课本、画报、讲座通常只用一句话概括这个复杂过程——"后来，随着广泛地传播"——然而，如何传播，却从来没有明确说出过。

现在想来，在那个远程通信手段为零、文字也尚未形成的时代，只有面对面的沟通，才是他们互通有无的唯一途径。原始人正是利用沟通，知道了其他部落打磨出的尖锐石块并不是玩具，而是可以用来削皮断骨、击杀猎物的工具；知道了用力摩擦木棒，可以获得火种，而火又可以用来烤熟食物。因为沟通，这样新奇而宝贵的信息，才能在不同部落间普及，并成为全人类的终极杀招。所以，连达尔文都说："语言这一能力被当作人和低于人类的动物之间的主要区别之一，那是公允的。"

由此，谁敢说多年前那两个原始人在夕阳下的那番对话，不是在人类进化之路上迈出的重要一步？人类崛起的伊始离不开沟通，后来漫长的发展更是如此，沟通也逐渐从单纯的"传递消息"，变成了担负着"输出理念"和"传播精神"的重要使命。个体与个体之间，依靠沟通而拥有了约定俗成的价值体系，比如婚姻，比如亲子关系，以此约束彼此，也以此获得安全；群体与群体之间，依靠沟通而实现了文化、资源上的互补，即使在面对信仰、观点、生活习惯上的巨大分歧时，也能依靠沟通而达成共处。以上这些，便是我们赖以生存的人类社会。人类社会每一个载入史册的里程碑——文艺复兴、大航海时代、宗教改革运动、工业革命——无论是技术的推广还是思潮的扩散，也都离不开不懈的沟通，让星火得以燎原。

地球上的每种动物，都在用自己的语言进行着沟通，但为何只有人类的沟通，才能谋得如此巨大的福利？高明之处就在于，人类的沟通具有强大的**唤醒功能**。

何谓唤醒功能？具体说，就是除了传递字面本身的含义外，人类还能用沟通深入对方的潜意识，挖掘出其心中最强烈的愿望和情感。潜意识不同于意识，它不受知识、理性和经验的支配，没有经过细致的打磨和修整，原始而澎湃。这种潜藏的力量一旦喷薄而出，就会完全引领意识，激发出人的各种潜能，最终形成逆转。

沟通真的能具有扭转乾坤的能力吗？心理学大师艾瑞克森被誉为"世界上最伟大的沟通者"，他遇到的这宗案例，或许能让我们领略沟通的巨大能量。

一位正值妙龄的护士，流露出严重的自杀倾向，她把心爱的首饰和衣服全部送人，还向医院递交了辞职信。每个人都心知肚明，她走出医院的那一天，就将是她生命的终点。在女孩离职的前几天，艾瑞克森和她谈了一次话，第二天，女孩就失踪了，人们纷纷指责艾瑞克森，认为是他的胡言乱语加速了女孩的自杀。

直到16年后，艾瑞克森接到了一通电话，来电者正是当年的那位护士。她告诉艾瑞克森，那场谈话的当天下午，她走出医院大门后，直接去了海军招募中心，申请加入了海军护理队，后来又与一位军官相恋结婚，生了五个孩子，并在军队医院工作至今。

毫无疑问，16年前的那场谈话，改变了女孩的一生。艾瑞克森究竟说了什么？事实上，他没说一句规劝或者宽慰的话，他只是让女孩去想象——想象自己正身处植物园、动物园和波士顿海滩，他绘声绘色地描述植物园里不同形状的叶子，以及小鸟轻巧地啄食水果，然后让嘴里的种子长成了一棵树；描绘育儿袋里的袋鼠宝宝努起嘴喝奶，候鸟用人类都无法了解的神奇本领进行着迁徙；还有飓风后恢复了平静的海滩，印第安人和殖民者的后裔都在这里踩着水嬉戏。他呈现出一个温暖、鲜活、明快的世界——这是女孩未曾注意过的世界，然后，她会自然而然地想要亲眼见识一下这样的世界，于是生出对于生命的渴望。

这并非是难得一见的个例，事实上，人类完全可以仅通过沟通，让很多危急情况发生180°的改变。这类沟通不仅出现在关键时刻，而且还能帮我们改变焦头烂额的亲子、伴侣、职场关系，让沟通双方都有所收获。这种了不起的沟通方式，称为**逆转式沟通**。

如果给逆转式沟通下个定义，可以说：**逆转式沟通，是用语言激发出人们潜意识里的渴望，让人主动采取正向的逆转，并从中获得成长。**为了有助于人们更形象地理解逆转式沟通，我们也可以称之为"V形沟通"，这个"V"生动地说明了逆转式沟通的过程。当我们与对方沟通不畅时，我们必须先抛开表层的争论，一路向下，潜入到对方的内心世界里去，寻找造成分歧的原因。这就像是V的左半部，要深深地向下扎，抵达对方的世界，同时也是抵达沟通的核心；然后，与对方充分共振，并且，为对方展示出关于问题的更多可能，由此画出 V 最下面的有力拐点；最终，才能实现逆转式的上扬，从而形成 V 的右半部。在这里，最终的"上扬"具有两重含义。从沟通角度来说，"上扬"意味着沟通状态的改变，从之前的停滞、争执、敌视等状态，变为能够理解、包容，并共同寻找解决问题的途径，沟通从低谷渐入佳境。

而从个人角度来说，当一个人的潜意识渴望因为沟通而激活，生命力被点燃，就会自发地出现正向转变，这种转变会成为重要的拐点，自此之后，他/她会呈现出一种上扬的轨迹。而且，这种逆转力一旦形成，还会在未来持续发挥作用，在他/她人生的无数个关口帮他/她做出正确的决定。

"V"字形象地说明了逆转式沟通的过程：我们潜入到对方内心——激发出对方潜意识中的渴望——沟通变得顺畅，与之共同从低潮走出。如果把逆转式沟通和其他沟通进行对比，我们可以清晰地看出它们之间的区别。逆转式沟通呈现出明显的"V"形轨道，先抑后扬，先向下深入沟通的核心，再向上冲出原本的局限。相比起来，其他沟通则是一种平面沟通，沟通双方只停留在沟通的表层，要么互相扔石头，以战胜对方为己任，要么投以糖衣炮弹，用话术达成目的。这些沟通大多只是气势或技术上的交锋，人们浮于表面，不会也不愿深入下去触及对方内心，更不想从根本上解决分歧，而逆转式沟通不同，在所有的沟通方式中，逆转式沟通最遵循沟通的初心——达成思想上的连接，感情上的通畅。它让沟通焕发出人性的光芒，而不只是为了达成目标的工具。这种沟通所达成的效果十分惊人，而且往往立竿见影，正如列夫·托尔斯泰说的那样："交谈一次，比多年闭门劳作更启发心智。"

充满套路的世界

沟通的方式有很多种，为什么逆转式沟通独具价值？

第一个原因，它打破了很多我们习以为常、但其实并不正常的沟通模式。

心理学大师斯科特·派克在《真诚是生命的药》一书的开头，举了这样一个例子——

在《美国今日新闻》上，刊登了一整版邓白氏集团的广告，邓白氏集团是世界著名的信用管理公司，堪称行业巨头。这则广告文案赫然写着：

我正乘飞机穿越内布拉斯加州上空，距地面三万英尺，听起来，邻座男人似乎能给我带来一些机会。

我想请他喝杯酒，不过，这之前，我必须先借故离开，打一个电话。

我打电话给邓白氏，查询该男子公司的信用。

三分钟后，我回到座位上，并请最好的新朋友喝了杯啤酒。

在我们的一生中，商务舱搭讪的桥段并不会天天上演，但是下面这些念头，却会时时出现在心里：把自己对某人的赞美、热情和帮助，当作一笔投资，然后期待着某一天，能连本带利地讨回收益；记住那些身份显赫或对自己有所助益的人，并不由自主对其分外恭敬与讨好；在谈话时运用话术，让对方一步步配合自己的预期，事后还会为此沾沾自喜，认为自己简直太高明了。

人们似乎早已习惯了把沟通作为一种控制的手段，小到说服一位客户买下自己的产品,大到操控别人配合自己的各种需求,哪怕这些需求是无理甚至无耻的。比如臭名昭著的"PUA"群体,他们会系统地学习与女性沟通时的话术,把交往过程细分为诸多步骤,每一步都有固定的主题内容和表述方式,由此蛊惑人心,来让女性心甘情愿地满足他在金钱、性等方面的要求。"PUA"又名"搭讪艺术家",从这个别称里,似乎能品味出人们对于沟通套路的一些态度——哪怕初衷再恶劣,但只要目标顺利达成了,也能成为一种值得炫耀的技能。

人们一面套路着别人,一面还要防止别人套路自己。多年未曾联系的同学突然发来信息,看着屏幕上闪烁的"在吗",每个人都会心里打鼓:"他是想借钱,还是有其他请求?"去找老板提加薪,老板表情和蔼,却娓娓地讲起了理想情怀,员工们立刻明白,自己会无功而返。

套路式沟通不仅存在于个体与个体之间,在群体中同样大行其道,而且利用羊群效应迅速扩散。古斯塔夫·勒庞在《乌合之众》中说:"一个对说服技巧烂熟于心的演说家,便可以对群体为所欲为。"当个体进入了群体,智商和道德水准都会降低,人们会不由自主地跟着别人愤怒,跟着别人狂欢,因此可以说,对付一群人,常常比对付一个人还要容易。很多演说家都是精通套路的高手，他们最知道怎么用炽热的假话，勾起人们心中的冲动，知道怎么让个体在群体的欢呼声中迷失。这些演说家也是最精明的生意人，沟通是他们谋生的手段，他们负责把人们弄晕，然后坐收渔利。

不得不承认，以上这些，就是我们目前面临的沟通环境。我们每天只要开口，便在沟通，但是其中相当多的沟通不仅毫无真诚可言，更充满功利、虚伪甚至是恶意。人们言语之间彼此提防，仔细拆解每一个字眼，生怕上当。每个人都在争夺话语权，却并不是真的想要解决问题，而是希望能通过一场洗脑，让别人听自己摆布。

更可怕的是，这样的沟通文化不仅体现在利益关系中，即使是对我们最重要的亲密关系，也被其深深浸润。当和孩子发生分歧时，父母历数养育过程中的各种辛苦，想用道德绑架的方式让子女言听计从；夫妻夸奖对方，却并不是出于真的感谢或欣赏，而是希望对方可以心甘情愿承担下全部家务。

有位女士吐槽，很多年前，她父亲的一位老同学突然造访，之前他们足足有 25 年没有见面了。从两个人握手的那一刻，那位满脸笑容的大叔就不停地诉说起当年的友谊，女士感动得几乎落下泪来，然而，只过了一个小时，对方就一步步将话题成功引向了保健品。最终的结果可想而知，女士的父亲花重金买下了几瓶药丸和胶囊，之后很长一段日子，全家人看着柜子上的那几个塑料瓶子，都有种说不出的滋味。

人们利用套路，人为地制造出感动，然后继续利用这些感动，为自己达成目的。

套路中的人们似乎无比亲热，但实际上，内心的算计与防御，却在不断拉远着人与人之间的距离。大多数人并不喜欢这么做，然而却不知道如何改变，逆转式沟通便展示出了一种可能——在人与人之间，确实存在着一种关系，它真诚、融洽、顺畅，没有功利驱使，却又卓有成效。而这，也是我们需要逆转式沟通的理由，我们急切需要一种让人耳目一新的沟通模式，将我们从让人厌烦的现状中解救出来。

逆转式沟通同样存在技巧，但是不存在套路，甚至可以说，这是一种反套路的沟通模式。逆转式沟通最重要的目的，是唤醒对方的内心，改变他们的状态。而那些唤醒了别人的人，比如拯救了女护士的艾瑞克森，则是真正真诚并且智慧的沟通者。他们懂得如何既不违背内心，又让对方从中受益，他们的沟通因此别具价值，《非暴力沟通》中将这类情况描述为："当我们真诚助人时，我们丰富他人生命的愿望得到了满足。"任何一个普通人，只要懂得了如何沟通，便拥有了一种特殊的能力，他们能让语言发挥出真正的魅力——每一句话，都能在别人心中注入力量。

如果把沟通划分等级，逆转式沟通，无疑是一种更加高级的模式。

并不亲密的亲密关系

当然，并非所有被搞砸的关系都是因为套路。而这也是我们需要逆转式沟通的第二个原因——用来维护那些我们真正重视的关系。

美国畅销书作家唐纳德·米勒讲过一个关于衬衫的故事。那是在他10岁左右的时候，一天，母亲兴冲冲拿来一件新衬衫，再三要求他穿上，而米勒不喜欢衬衫的颜色，所以一次次地摇头拒绝。突然，母亲脸上出现了一种从未有过的表情，整张脸变得扭曲和狂躁，用一种接近怒吼的状态冲米勒大喊："我让你穿上，你就穿，不要跟我废话！"

米勒一下子愣住了，半分钟后，才"哇"的一声哭了出来。

后来，米勒明白了母亲暴怒的原因，那个时期因为父亲的去世，米勒一家十分窘困，衣服都是用旧布料裁剪的。母亲因为在社区教堂帮忙，获得了一件新的儿童衬衫做答谢，于是兴冲冲地拿来给米勒。

毫无疑问，这是一件来之不易的衬衫，它本该成为他们黯然日子里的一抹亮色，但是却适得其反。为什么会这样？原因并不在于小米勒有没有将它穿在身上，而依然在于沟通。

母亲送给小米勒的衬衫，并不只是一件简单的衬衫，母亲急着用这件衬衫表达对于孩子的爱，或许还有愧疚，因为她没能让孩子过上和以前一样的生活，还有可能，她把这件衬衫当成了一个信号："孩子，看，一切都在变好。"每当我们在一件事上寄托的感情越是厚重、复杂，在心意遭到对方拒绝时，就越会感到受挫，进而失望、恼怒。米勒母亲发的并非无名之火，然而，她在发怒之前，却忽略了一件重要的事情：沟通是双方的事情，她只看到了米勒的拒绝，却没有真正去了解过米勒拒绝的理由。

如果她能知道，一个10岁的男孩子正是最敏感的时候，他肯定不希望因为一件颜色怪异的新衬衫招来同龄人的嘲笑，她或许就能接受他的拒绝；如果她能知道，小米勒已经有了自己的审美，知道自己不喜欢什么，她或许不会大发雷霆。如果她能说出："对不起，米勒，虽然这件衬衫得来不容易，但是我不会强迫你做自己不愿意的事。"她的爱、希望与愧疚依然能得到呼应。

比起那些充满功利的套路，更容易让人产生无力感的，就是因为沟通上的滞涩，影响了我们最为看重的亲密关系——亲子、伴侣、重视的朋友等。我们不会因为健身房里巧舌如簧的推销员而心烦太久，却会因为和爱人的冷战而整晚失眠；我们可以忍受客户编出100种理由压低价格，却会因为孩子第三次重复了同一个错误，而气到咆哮；我们可以顶住陌生人的一万句议论，却会因为父母的一声质疑，而情绪崩溃。

每个人都是活在关系中的，越是毫无利益牵扯的亲密关系，一旦沟通不畅，带来的打击越是沉重。因为那些都是我们最珍惜的人，我们寄予厚望，希望成为彼此最坦诚的港湾，和最稳固的力量源泉。

然而现实中，人们对于亲密关系里的人，往往最缺乏沟通的耐心和方法。随便观察身边的朋友，仅仅从他/她接电话时的态度，就能分辨出电话那边的人和他的关系。通常，那通语气最不耐烦、措辞最不客气的电话，另一头的都是自己关系链中最亲密的人。

我们虽然重视亲密关系，但是却很少想过要如何经营亲密关系，换句话说，我们通常认为亲密关系是无需经营的。当然，我一直反对在亲密关系中运用套路，但是这并不代表我们就可以对亲密的人随心所欲。在沟通中，充满心机与毫无方法，同样不可取。

也有很多在亲密关系中能够顺畅沟通的人，他们的经验值得人们借鉴。一对父母发现自己刚上中学的女儿有些异常，她不仅突然喜欢打扮自己，而且对于爱情电影和小说格外感兴趣，父母敏锐地意识到，女儿情窦初开，有了喜欢的人。

他们没有扔掉女儿的新发卡或撕掉那些爱情小说，也没有严肃地来一场关于早恋的思想教育，而是买了几张有校园爱情内容的碟片，特意在周末全家观看。妈妈看着电影中的男主角，很自然地评论："这小伙子可真帅，我上中学的时候，喜欢的男生就和他差不多。"爸爸也附和着："是啊，年轻的时候，大家都有过心上人。"一旁的女儿，脸上的神情逐渐从紧张到放松。

几天后，女孩鼓足勇气告诉妈妈，自己喜欢上了年轻的班主任，她很紧张，以为妈妈会说"你怎么可以对老师有非分之想"，谁知道妈妈瞪圆了双眼，一脸惊喜："真的吗？不愧是我的女儿,我中学的时候也喜欢过我的数学老师。"

母亲的话让女儿如释重负,她明白喜欢一个人是正常且美好的事情,她轻松地度过了人生的第一场暗恋,对于恋爱一直有着美好的憧憬,对父母也更加信赖。在"早恋"这个微妙的话题前,这对父母做出了正确的选择,他们用沟通让亲子关系更加亲密。

在亲密关系中,最好的沟通方式,依然是逆转式沟通。而且,在亲密关系中,一个人一旦实现了逆转,对于关系中的所有人都有着意想不到的积极作用。心理学大师艾瑞克森曾经见过这么一个家庭:

父亲是一位医生,母亲热爱艺术,他们有三个孩子,两男一女。夫妻俩因为长子亨利的职业规划争吵不停,父亲让他子承父业,母亲则希望他成为钢琴家。而亨利成功搅黄了父母的计划,不仅先后被两所医学院退学,还新添了啃指甲的毛病,每天手指鲜血淋漓,这样他就既拿不了手术刀,也碰不了琴键。

父亲带着亨利来找艾瑞克森,希望让他立刻停止啃指甲,然后重返医学院,而艾瑞克森则充分施展了逆转式沟通的能力,和亨利聊起了他的爱好。

亨利告诉他:"我其实很热爱音乐,但憎恨钢琴,因为那是我母亲逼我做的事。"

艾瑞克森提醒他:"钢琴并不是唯一的乐器。现在,你已经有了22年的弹奏功底了。"

亨利马上接话:"没错,我要买架电子琴!"

后来,亨利靠弹奏电子琴赚钱,因此他得以在父亲的经济封锁下,半工半读地完成了一直期盼的法学院课程。而受到亨利的感染,家中的次子也把父亲让他成为基督教牧师的计划抛到了脑后,不仅安心做起了汽车销售员,还娶了名犹太姑娘。小妹也没有依照父母的心愿去做护士,她很早就和恋人结了婚,还在哥哥们的建议下,准备和丈夫一起进大学攻读学位。

艾瑞克森所做的,便是给亨利展示了人生的另一种可能。他提示亨利世界上还有别的乐器,并且亨利完全有能力驾驭。亨利顿时醒悟过来,自己完全可以在不碰深恶痛绝的钢琴同时,继续满足内心对音乐的热爱,还能因此挣得学费,打破父亲对自己未来的控制。而亨利的成功反抗,对他的弟弟和妹妹同样具有启示作用,他们从哥哥的行动中获得了启发,也纷纷摆脱了束缚,寻找着适合自己的路。

在这个例子中,艾瑞克森为我们示范了逆转式沟通的扩散作用。但其中依然有着让人惋惜之处,那就是这种逆转式沟通并非来自孩子的父母,正相反,他们的父母一直在充当着阻挠者,把孩子当作可以控制的木偶。而他们幸运地碰到了深谙逆转式沟通的人,并因此获得了拯救。

在亲密关系中,希望我们都能充当沟通者,而非阻挠者;希望我们能用沟通带给那些我们重视的人以更好的选择,让他们因沟通而获得幸福、获得成长,而不是带给他们伤害。

用沟通带来彻底改变

这世界上所有的改变,都有两个敌人——反悔与反弹。

反悔,也就是对改变感到后悔,以至于想要取消之前的决定。我们都有过反悔的时刻,买错了东西、爱错了人、剪错了发型,有些改变带来的悔意只是一瞬,有些则让人念念不忘,但归根结底在于,所改变的那些——物品、恋人和新发型,并不是我们真正想要的。而反弹,则是人们已经做出了改变,并且知道改变是正确的,但是却缺乏持久的动力。尤其是,当人们在改变过程中遇到挫折,比如感觉改变给自己带来的益处不够理想时,改变的热情会很容易受到打击,变得消极懈怠。

还有些改变，带来的则是反悔与反弹的混杂，人们既搞不清自己是不是错了，也找不到想要继续下去的激情，于是陷入了犹豫和茫然。

而这也是我们需要逆转式沟通的第三个理由：只有逆转式沟通，才能让一个人发自肺腑地想要改变，而也只有这种主动的改变，才可能成为一种持久的、动力十足的改变，不会因为反悔而一次次回到原点，也不会因为反弹而总是迟疑不前。

在有些沟通模式中，沟通的一方会一直充当着引路人，举着火把走在你的跟前一米的地方，你只要跟上他们就好。但是逆转式沟通并非如此，他会拉着你的手，和你一起走到大门口，然后塞给你一枚指南针，鼓励你自己寻找出路。按照逆转式沟通的V形轨迹，沟通者会先画出V的左半边，然后在拐点处与你汇合，帮你积攒足够的逆转力，鼓励你画出V的右半边。在逆转式沟通中，沟通双方以此形成合力，一起实现了沟通的胜利。比起那些事无巨细的沟通方式，逆转式沟通更像是种启蒙，沟通者不负责告诉对方"你应该怎么做"或者"你最好选择这个"，而只是激发对方潜意识里那个被藏起来的自己，并给对方提供一些全新的思路，让对方自己举一反三，最终，主动选择出顺应自己内心的那一种。

1569年，正值中国的明朝，一名书生匆匆来到了栖霞山，不是为了欣赏风景，而是为了排解心中的落寞。这一年，他已经36岁，却又一次在科举中名落孙山。不仅如此，他直到此时也没能有儿子，一切都和童年时算命先生的预言不谋而合——仕途无望，终身无子。

在栖霞山，书生遇到了一位云谷禅师。在听到书生的烦恼后，禅师朗声大笑："命是什么？是心！心不变，命不变。心变，命亦变！这些年来，你自己的心变过吗？"

书生愣了，过去的经历让他对命运深信不疑，他从来没有想过，命运是可以依靠改变内心而逆转的。告别禅师时，书生特意改了名字以示新生，从袁学海，改成了袁了凡。之后他写出的《了凡四训》，让无数后世学子醍醐灌顶。而与云谷禅师那段改变了他命运的对话，也被收录进了这套书中，成为一段逆天改命的佳话。

毫无疑问，袁了凡与云谷禅师之间所进行的，就是经典的逆转式沟通。云谷禅师看出了袁了凡对于命运的无奈，看出了他心中想要抗争命运的渴望，更看出了他的犹疑和茫然。于是，云谷禅师给出了"心变，命亦变"的全新选项，这对袁了凡而言，是个让人震撼的念头，继而云谷禅师又抛出"你的心是否变过"的疑问,他没有给出答案,而是让袁了凡自己去思考。

云谷禅师身处深山,自然不可能对袁了凡时刻耳提面授,他也没有事无巨细地告诉他应该怎么改变,只是给出了一个模糊的轮廓。此后的所有逆转,都是袁了凡自己主动采取的行动,但也正因为这一切来自他的内心,所以动力才会源源不断。

主动逆转,对于一场沟通而言,真的如此重要吗?

你大可以去问一位正为孩子成绩焦头烂额的母亲,她是如何每天一刻不停地追在孩子身后,一遍遍地催促,甚至为了能辅导孩子,自学会了那些深奥难懂的数学题,但孩子依然冷漠以对;或者去问一位正为员工效率发愁的老板,他设立了各种严格的奖惩机制,可是总有下属依然慢悠悠地消耗着每天的8小时;要不然就去问一位怒气冲天的妻子,她是怎么在兴致勃勃和丈夫讲述一件事后,再次收获了一个漫不经心的"哦"。

我们都设定过闹钟,但是我们也都知道,除非自己是真的想要起床,不然再吵闹的铃声,也难以保证自己不迟到。而逆转式沟通,则相当于激活了你体内的生物钟,你会自己醒来,然后爬起身迎接全新的一天。

至于逆转式沟通为何能有这样的能力,这就要讲到意识和潜意识的区别了。大部分沟通调动起的是我们的意识,是我们经过理智思考、精密计算、权衡利弊所得出的结论,这就像是让我们去比较两家水果店里的苹果哪个更合算,我们可以根据它们的产地、价格、成熟度给出结论,但是这结论无关我们的渴望和喜欢。而潜意识则牵动着我们的情感,是我们内心真正想要实现的、却尚未被自己确认的事情。

对于袁了凡而言,他的苦恼真的在于算命先生所说的科举无望、膝下无子吗?这些都只是他意识里的愿望,他潜意识里真正想要的,是能主宰自己的命运。因而,当云谷禅师告诉他"改变内心就能改变命运"时,他才会被深刻触动,继而将这场改变持续了数十年。同样,一个孩子只有真正发现了学习的乐趣,才会想要探索知识的海洋;一名员工只有真正体会到工作带来的成就感,才愿意跳出舒适圈;一位丈夫只有真的想和妻子改善关系,才能耐心地展开互动。

逆转式沟通不仅可以帮我们确认自己想要什么,还能帮我们甄别出自己不想要什么。我们在这种沟通模式下,既能主动选择,也能主动放弃。一对夫妻去找心理医生做婚姻咨询,心理医生建议他们一起去植物园和动物园里玩上一圈,然后回顾一下自己的内心感受。在植物园里,丈夫流连忘返,妻子却一分钟也不想待下去;而在动物园里,妻子看得津津有味,丈夫却索然无味。结束这一天的旅行后,夫妻两人不约而同地找律师拟定离婚协议书,离婚后,他们全都如释重负。心理医生并没有建议他们分手,但是他用一场逆转式沟通,让他们之间的分歧以明确的形式表现出来,引发他们去思考这些差异,当沟壑显而易见地横亘在那里时,这对夫妻自己便做出了选择。

逆转式沟通,用语言一路深入进我们的潜意识中,开启我们自己想要改变的渴望,这样的沟通既不容易反悔,也不容易反弹。

在逆转中变强

在我们的婴儿和幼儿阶段,都曾经不止一次尿过床,我们和我们的家人都不会将之视为问题。而如果我们十几岁时依然如此,那么我们中的很多人,将会开启一趟噩梦之旅:我们会不停奔波在不同科室之间,一次次忍受各种难堪的检查;我们会遭受同龄人的嘲讽,他们会毫不留情地将我们的秘密公之于众,并且大声耻笑我们;我们会被父母冷待,被惩罚,每一次入梦都胆战心惊,生怕醒来时身下潮湿一片。而最终,我们会被视为怪胎，送去看心理医生。事实上，很多心理医生都治疗过被尿床困扰的病人，那些病人大多十几岁，然而从出生起，他们就几乎未曾有过一张干爽清洁的床。

而这些病人的父母，大多是暴躁的，他们显然无法接受自己的孩子不能控制膀胱。为了让孩子改掉尿床的毛病，他们用尽了各种方法，比如逼孩子在尿湿的床上擦自己的脸，不给点心吃，不让孩子和同学玩耍；他们责备孩子，打孩子的屁股，用鞭子惩戒，要孩子洗干净自己弄脏的床单、自己铺床，甚至从中午12点起就不准孩子喝水。然而，这些外力没有丝毫作用，这些孩子依然会在每一天晚上把床弄湿。

当这些孩子来到心理医生面前时，他们已经站在了被家人放弃的边缘，心理治疗往往是最后的选择。内科医生与父母全都束手无策的问题，心理医生又该如何破解呢？答案便是逆转式沟通。

沟通可以控制身体吗？从某种意义上说，确实可以。我们的身体并非只是一堆皮肉与器官，更是我们的思想载体，会因为我们的心理状态做出反应。

在治疗过程中，这些孩子没有受到任何惩罚，医生要求他们的父母必须恢复这些孩子的正常待遇，和家中其他兄弟姐妹一视同仁。即使他们尿了床，家里人也不许责骂和嘲笑，甚至要假装根本没有发生过这件事。而医生在和孩子的沟通中，没有故意让他们去留意膀胱的动向，而是给他们讲解人在进行体育运动时，身体各部分的肌肉变化，让他们意识到自己身体的各部分具有很好的协作功能；让孩子假设自己在排尿过程中有陌生人突然闯入卫生间，自己会作何反应，由此孩子们发现，自己会因为陌生人的闯入而中断排尿，但这也就意味着，他们可以控制自己的膀胱。

可以说，孩子们在治愈尿床的过程中，也获得了对于自我的掌控感。于是，这些孩子不仅改掉了尿床的毛病，整个人也焕然一新。一个孩子兴奋地告诉他的心理医生："你知道吗，以前没有人喜欢我，也没人要和我玩，我在学校过得非常不快乐，成绩也不好。可现在，我是棒球队队长，我的成绩是 A 和 B，再也不是 D 和 F 了。"

逆转式沟通为什么会成为一种有效的沟通模式？一个重要的原因便在于此，而这也是我们选择逆转式沟通的第四个理由——它改变的绝不仅仅是一个独立的现象，而是一个人整体的面貌，这种改变是由内而外的，它会形成习惯，持续发酵，扩散到我们所重视的方方面面。

每一次逆转式沟通，都在不断增加我们的韧度，让我们变得更有力量。艾瑞克森作为逆转式沟通的大师，在他的诸多案例中，有一则"紫罗兰皇后"的故事让人格外印象深刻。一位老妇人独居在小镇上，她没有朋友，从来不跟任何人交谈，艾瑞克森被人委托去了她的家，并且特意以参观为借口，走遍了整所住宅，最终，找到了他想要的东西——三盆盛开的、颜色各不相同的非洲紫罗兰。

这是老妇人家中唯一富有生机的东西，艾瑞克森告诉她："明天你叫管家去花店，买下所有不同颜色的非洲紫罗兰。那些紫罗兰将是你的紫罗兰，你要好好照顾它们。"并且特别强调"这是医疗上的建议"。

老妇人对医生的话向来十分服从，立刻答应了下来。

艾瑞克森继续嘱咐："然后你叫管家去买两百个礼品花盆与相应的土壤。我要你从每一盆紫罗兰摘一片叶子，种在花盆中，培养出更多的非洲紫罗兰。然后，你送一盆给教堂中每一个有初生婴儿的家庭，给每一个受洗的宝宝，给教堂中每一个生病的人。有女孩宣布订婚时，我要你送她一盆，当他们结婚时，我也要你送非洲紫罗兰。有人过世时，你送一张慰问卡与一盆非洲紫罗兰。教堂义卖时，送出十几盆非洲紫罗兰来卖。"

老妇人依言送出了那些紫罗兰，而她的生活却也有了翻天覆地的变化。她开始有了笑容，有了朋友，整个小镇的人们都很喜欢她，她成了这里最受欢迎的老者，而她本人，也感受到了前所未有的幸福感与满足感。在她去世时，小镇的人们沉痛地宣布，他们失去了自己的"米尔瓦基非洲紫罗兰之后"。

艾瑞克森并没有直接劝她"走出家门，多交些朋友吧"，而是用她与其他生命唯一的链接——那三盆紫罗兰为纽带，用她能接受的方式，去给她展示生活的另一种可能。她在送出紫罗兰的过程中，自然而然地融入了小镇的其他居民，也自然而然地找到了自己存在的意义。最终，她因为给予而被人记住，这是她一生中最有色彩与芳香的场景，并持续到了她生命的终点。

在我们经历的任何阶段，逆转都存在意义，都能给我们带来全新的体验。从未成年的孩子，到已到暮年的老人，逆转式沟通可以在每一个时间发生，我们因为这些沟通而及时转向，发现了自己的另一种面貌。而这变化，永远不会太晚。

恰当的沟通，也是一种保护

有句民间谚语叫作"宁为水，不为石"。这句话道出了逆转式沟通的一个重要理念：作为启发对方开展逆转的一方，我们要成为融会贯通、推波助澜的流水，而不做阻挡交流、一味对抗的顽石。

不妨想象一下，一条河流正日夜不歇地向前奔涌，你发现河流的方向并不是你期望的，于是，你化身为一块巨石，怒吼着横在河中，希望用自己的身躯阻挡河水。不用多说，我们的常识便会告诉我们这样做的结果——河水要么漫过巨石继续奔流，要么不停冲击着巨石，直到把对方消耗殆尽。

如果我们足够清醒与智慧，就会明白，一场真正有意义的沟通，目的在于打通彼此的局限，而不是好勇斗狠地去压制对方。当然，我们也见过不少沟通，在强压之下暂时有了结果，但是这样违背内心意愿的结果，必然无法持久。还记得小时候的我们吗，父母总是禁止我们看电视，但这并没有让我们变得自律，反而各个修炼出了一身绝学：在父母回家前的十分钟，想出各种方法将电视迅速降温，并把频道恢复到上一次关闭时的状态，连音量都不差半分。

事实上，一个人如果在童年时受到了某一方面的严格控制，长大后，往往会在这方面报复似的纵容自己。比如一个童年时总被父母控制饮食的人，一旦获得了选择食物的自由，暴饮暴食的概率会大大增加。同样，在一场沟通中，一旦一方迫于某种压力，而顺从了对方的意愿，看似沟通尘埃落定，但其实这只是个开始——未来反弹的那一刻，由此进入了倒计时。而且这反弹，必然朝着与当初结果背道而驰的路径，这种反弹未必是正确的，但却是必然的。

《合气道》一书中，把对待沟通的不同态度，比喻为"旋转门"与"铁门"。一个坏脾气的大力士想要冲击一扇旋转门，他用尽全身力气推门，那门足足转了好几圈才停下来。大力士心一横，索性走进旋转门，一次次推门，门在他身后一圈圈紧追不舍，他拼命奔跑，最后，却被自己制造的离心力撞飞到街上。大力士恼羞成怒，转而去撞击一扇传统开合式的铁门，那铁门虽然十分坚固，却依然在大力士的猛烈攻击下倒下了。

以上比喻揭示出一个道理：即使我们的沟通对象蛮不讲理，

但只要我们采用恰当的方式，便可以保护自己不受伤害。如果我们的沟通对象还能保有些理智，并且也和我们一样，愿意让沟通达成一个更好的境界，那么我们作为旋转门的作用，就更加明显了，在双方交汇的时刻，你们彼此推动，也彼此成全。

旋转门之所以可以实现两全，因为它用强大的转动能力，让人们顺畅地从此处到彼处。它没有放弃任何东西，没有失利，也没有妥协或丧失原则。就像那句谚语所说的"宁为水，不为石"，水可以影响水的走向，保全甚至增强自己的能量，竖在水中的石头却终究无法成为大坝，只能不断磨损着自己。

第二章

逆转第一步——
理解对方的立场

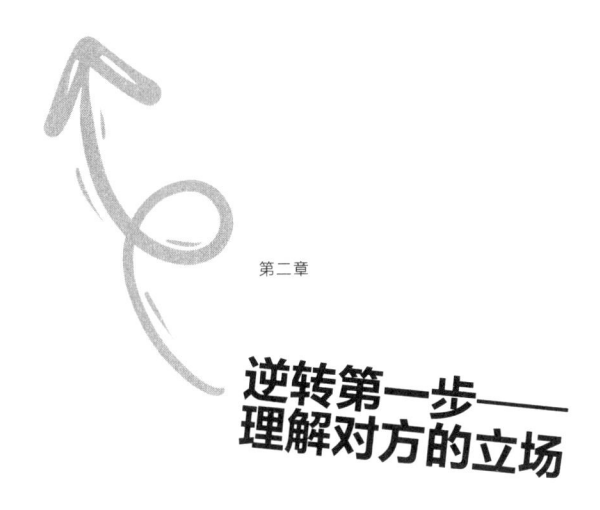

我们沟通得很好,
并非决定于我们对事情述说得很好,
而是决定于我们被了解得有多好。
　　　　　——安得鲁·葛洛夫

我们无法定义世界

逆转式沟通的第一步,就是要理解对方的立场,哪怕这立场和你的截然相反。我们前面说过,逆转式沟通又叫"V"形沟通,那这第一步"理解对方的立场"就是在画出"V"的左半部。我们要深入到对方的世界,去探究对方的真实想法,同时,也深入沟通的核心,去寻找消除冲突的关键。而想真正做到这一点,我们先要明确一件事:我们眼中的世界,并不是世界本身。

一位老师曾经教过一名贫困生,学生的成绩非常优异,但因为父母都是聋哑人,家境艰难,一只笔袋用了足足五年,磨破了角也没有换掉。老师看着于心不忍,自己送了他一只新的,学生却不舍得用,说要留到以后。一次,老师在新生班会上有感而发,给孩子们讲述了这个故事,课间休息的时候,有个男孩找到她:"老师,你刚刚说的那个故事,是假的吧?"

她很诧异:"你为什么会这么想?"

男孩咬了一大口手里的巧克力:"怎么可能有那么穷的人,我从来没见过。"

小男孩的父母是生意人,从小家境优渥,他自然看不到生活艰辛的一面,那些生活在另外境遇下的孩子,对他而言如同不存在。

我们不能苛责一个孩子见识粗浅,然而,小男孩的想法至今却仍存在于许多成年人的身上。我们都是以自己的视角去判断世界的,而且总会以为,世界就该是我们见到的样子,事实果真如此吗?

有位知名的记者写过这么一段经历:

有一天,发生了一起"记者被恶意报复"的事件,打开手机,同行们都在奋力转发着这条消息,为不公正的待遇振臂呐喊,就连办公室的同事也从早讨论到晚。那天他回到家里,脑子里依然不停闪过那条新闻,怒火充满了他的全身,他觉得记者简直是最不幸的职业,这个世界糟透了。

晚餐后,他拿起手机看了一眼,却突然发现,朋友圈里让人义愤的话题全都不见了,取而代之的是各种关于孩子、美食、度假的照片,每个人都心情很好,悠闲惬意,世界不仅不糟糕，而且美妙得不得了。这时他才发现，自己错拿了老婆的手机，刚刚看到的，也是老婆的朋友圈。

放下手机，他忽然明白了一件事——每个人眼中的世界，都不过是这真实世界中的一个碎片。自己觉得飓风过境的大事件，在别人那里可能吹不起一丝波澜；同样，别人的切肤之痛或欣喜若狂，对于自己而言，也很可能只是外套上一根毫无重量的头发丝。

之所以要讲这两个故事，是因为在逆转式沟通中，视角的转换十分重要。如果做不到第一步的"理解对方的立场"，后续的一切就无从谈起。而想要理解别人的立场，我们有时必须先要抛开自己的立场，明白自己眼中的世界不仅算不上全面，也未必正确。但这对于所有人而言，都不是件容易事。

没有谁会情愿承认自己的不足——哪怕只是局部的，人们对于自己的观念，有着一种天然的保护，久而久之，这种保护就形成了偏见。

有时候，我们会因为偏见，轻易地肯定一件事。心理学上有种现象叫作"幸存者偏差"，意思是指人们总是把自己所见的个例，视为事物的必然规律，因此造成了观点与事实之间的严重偏差。幸存者偏差存在于每个人身上，看到朋友穿了新衣服魅力十足,于是买来同款,却发现自己换上后效果平平;看到有人在经历一次大手术后很快康复,便认定他的手术并不危险,这种疾病也完全可以治愈。想想看,我们是不是都这么武断地去做过一件事、评判过一个人?

朋友能够魅力四射,或许不是衣服的功劳,而是源自他的好身材;而病人的痊愈,并非疾病不凶险,而是自身病程、医生技术和运气综合作用的结果。但是,人一旦陷入"幸存者偏差",就会把自己认为正确的事情,视为世间真理,很难看到视线之外的那些反例。

有时候,我们还会因为偏见,轻易地否定一件事。很多人都有地域偏见和职业偏见,认为生活在某地的人或从事某种职业的人,身上必然存在一些特定的负面特质;还有人对于性别存在偏见,最常见的例子就是人们一见到女性开车,便会认定车技一定不行,或者是一看到车祸现场,脑中便会冒出个念头:"说不定是个女司机。"

对于偏见,罗伊·F·鲍迈斯特在《意志力》中,有过一段精准的描述:"上帝的理想,并非真主的理想。你们的理想,既不是我们的理想,也不是他们的理想。凡是人的理想,没有不带主观偏好的。"

偏见如同一堵墙，不仅阻碍人们的视线，也阻碍了脚下探索其他可能性的路。偏见不仅是逆转式沟通的大敌，甚至可以说，是所有以消除冲突为目标的沟通的大敌。

尽管偏见影响了我们的沟通，但是，如果让每个人完全剔除自己的观念，全盘接受别人的想法与行动，不带有任何情绪地看待世间万物，那也是不可能的。我们从儿时便逐渐产生了各种认知，这些认知日积月累，才让我们得以成为独立思考的个体，不夸张地说，我们的立场、想法和信仰，就是我们的脊柱，支撑着我们，也让我们得以和别人不同。

没有人能永远公平、正确、面面俱到。我们每个人的心中都藏着偏见，它们会在某些时刻冒出头来，让我们的观点变得片面或错误。然而，观点是可以修正的，逆转式沟通并不是要我们否定自我，而是让我们打破偏见，将自己的视线拓展开。我们自然可以保留自己的想法，保持自己的喜爱和厌恶，但是我们也能在同时，认真体会别人为何会这么想、这么做。

逆转式沟通既然呈现出 V 形轨迹，也就意味着，我们想要了解别人的想法，就必须先突破自己的疆界，深入到矛盾的下面去，深入到别人的世界去。当我们深挖一片泥土时，如果遇到一块挡路的石板，我们会想方设法把它挪开，同样，当我们探索别人世界的过程中,也会被自己的偏见所阻碍,这些偏见就像是隐形的石板,我们只有打破偏见,才能走得更远。

对自己观点之外的事情说"不",是种本能,而能按捺住这种本能,学会了解对方的世界,我们狭窄的世界才能得到延展。

千万别用"竞赛思维"去沟通

除了打破偏见,还有一个方法,也可以帮我们更好地理解别人的立场,那就是抛掉脑中的"竞赛思维"。

办公室里,两位同事激烈地争执了起来,让他们相争的并不是什么大事,不过是"稿件的二级标题用什么字号比较好"这样并无标准答案的细节,然而,他们却彼此瞪红了双眼,嗓子吵到声嘶力竭,仿佛这场胜负能决定自己的性命一样。我们都曾见过类似的场面,甚至自己也深陷过其中,在某个瞬间,我们作为争执中的一方会有种幻觉,感觉身后站着粉丝团和啦啦队,自己说出的这一句压过了对方,身后的人群就会发出一阵欢呼,而如果被对方压过,则会被喝倒彩,甚至在联赛中被降级。

可是,哪里来的什么联赛?如果冷静下来,就会发现,很多我们在沟通中揪住不放的东西,根本就没有固定答案。标题用什么字号,未必有一定之规;教育孩子应该鸡血还是佛系,从来都是因人而异;发生纠纷究竟是谁的错,往往也难以简单地厘清。

我们之所以会对与自己不同的观点百般警惕,一个重要的理由就在于,我们害怕自己会输掉这场"竞赛"。

和恋人吵架,如果我不回击,我就输了:"他以后肯定不会尊重我的!"

同事和我争论,如果我不给她点颜色看看,我就输了:"她以后会得寸进尺!"

孩子不肯听话,如果我不能将他驯服,我就输了:"他以后更不会拿我这个家长当回事!"

有一个现象很有意思,在筹备结婚的阶段,往往是恋人吵架最为激烈、也最为频繁的时候。一个关键的因素,就是在很多新人眼中,他们争论的并非是瓷砖的颜色和地板的花纹,而是掌控未来婚姻的那柄权杖,究竟握在谁手里。

当人们把一切都当成了竞赛，冲突自然层出不穷，因为只要是竞赛，就必须有输赢。一旦心中有了这种念头，那么沟通便会成为一件危机四伏的事情，人们不再尊重事实，不再尊重对方，也不再想要寻求出解决问题的真正方法，而是拼命要压制住对方，以求在虚拟的竞赛中胜出。可以想象出，当我们被输赢之心控制时，必然会呈现出强烈的偏执和好斗，就像一只炸了毛的鸡，其他人为了避开我们疯狂而尖锐的嘴，干脆放弃与我们沟通。

想要实现逆转式沟通的第一步——理解别人的立场，我们就要学会从虚拟的赛场上脱身，只有这样，沟通才能在一个基本平等的层面上展开，双方也才能明白对方为何会如此想，进而接纳不同的观点。斯科特·派克在《不一样的鼓声》中，讲述了他在一次国际研讨会上的经历。一位来自非洲的代表提出，他不理解之前讲座中提到的"受苦的意义"是什么意思。

"这是我听过的最荒谬的事，"他大声说，"受苦有什么意义？"

"受苦当然有意义。"有人马上站起来反驳。

非洲代表却依然表示无法相信，于是，其他人更加卖力地想要说服他。很快，讨论变成了竞赛，双方都想扳倒对方，一群智商很高的成年人坐在会场里,却像是三年级的学生一样争吵不休。

斯科特忍不住大喊:"快停下,我们明明可以更好地沟通。不如让我们安静三分钟,看看会发生什么。"

大家照做了。三分钟后,有人第一个冷静地发言,讲述了自己对于这个观点的看法。接下来的时间里,大家不再据理力争,而是平和地沟通。最终,非洲代表高兴地欢呼起来:"我懂了,就像我们的孩子令我们痛苦一样,这样的痛苦代表着爱,所以,受苦是有意义的。"

当我们把沟通视为一场比赛时,会不由自主地把另一方视为对手。你们站在赛场的两端,他的观点刚一抛出,你的第一反应,自然是掏出球拍,狠狠地反击回去。你不会去想他说得有没有道理,不会去探究他观点背后的故事,不会体谅他的愤怒和悲伤。你只会想在较量中胜出,然后捧着奖杯绕场一周。

我们这一生要面对各种竞争,但并不代表所有事情都要拼个输赢,尤其对于沟通而言,输赢之心更是大忌。沟通是双向的,在你想击倒对方时,肯定也会激起对方的反抗之心,他的抗拒,让他同样无暇顾及你的观点是否存在道理,即使你是毫无私心地为他着想,但一旦你们进入了竞赛模式,便会将对方的一切轻易否定。

输赢之心不仅局限了我们的视角,让我们难以听清对方的观点,还会影响我们表达的效果。和同事在工作上有了分歧,你本可以温和地告诉对方,你发现她的方案有些疏漏,希望她能将你的意见补充进去,然而这时,心中的战鼓敲响了,你觉得自己必须压对方一头,于是对话变成了这样——

你:"你没发现你的方案有很多问题吗?简直漏洞百出。"

同事:"你凭什么这么说。"

你:"不信的话,你看看我做的这份。"

同事:"不必,我不想和自大狂合作。"

当你先挑起了战火,即使你的观点本身再有道理,再能给对方带来莫大的好处,也只能引发对方的抗拒。

如果在发生冲突的时候,我们能收敛起自己的输赢之心,用一种平和开放的心态去交流,效果会大不一样。

你:"光是看内容,就知道你为这个方案付出了很多,现在,我能不能说一些自己的想法?"

同事:"噢,当然。"

你:"……你看,如果这些方面能再完善一些,这个方案就更完美了。这类案例你之前接触得比较少,有些事想不到也很正常，要是你愿意的话，我很希望能和你一起去修改。"

这种沟通的方式，相信你的同事绝对会乐意接受。首先，你站在了她的立场上，肯定了她的付出；然后，你用商量的语气示意她，你有着一些和她不太一样的想法；继而，你让她明白，这些想法不是为了否定她或胜过她，而是为了让她的工作更加顺利；之后你表示愿意加入进来，和她一起将工作做好。

这样的沟通，又有几个人会拒绝呢？对方会真切地觉得，自己得到了尊重，而你也是确实出于好意。当然，只有放下对于输赢的执念，你才可能真正做到这些。

泰瑞·多布森和维克多·米勒一直研究如何将合气道原理用在沟通之中，他们在《生命中的合气道》中写道："大自然充满了冲突。但是，看看你周围，哪里有什么记分板！比如细胞分裂之时，谁是赢家？风和水碰撞的一瞬，激荡出惊涛骇浪，谁是失败者？当地心引力把我们拽下，迫使我们保持原地不动，我们是赢家还是输家？"

请记住，我们要成为的，是一个智慧的沟通者，而不是孤独的胜出者。

"不可理喻"背后的极端合理

当我们身处冲突,尤其是那些激烈的冲突中时,面对对方的各种极端表现,我们常常会冒出这样的念头:"这真是个不可理喻的家伙!"

相信你在沟通中,也曾不止一次有过类似的感受。即使站在对面的是我们最亲密的人,但是在某些时刻,也仿佛和我们活在不同维度,我们所说的,他好像完全听不懂,而他所讲的,我们也感到莫名其妙。通常在这种情况下,人们会很容易做出判断,认为对方无法沟通,继而选择远离,用"不沟通"作为这场沟通的最终结局。

然而,真的存在完全无法沟通的人吗?对方那些看似情理不通、不知所谓的言行背后,是否存在着我们想不到的隐情呢?

有位妈妈讲述了她女儿的故事。一天傍晚,她3岁的女儿突然哭闹起来，然而并没有人招惹她，在排除了病痛和惊吓后，妈妈自然而然地认为，这是小孩子在耍脾气。妈妈本想教训一下女儿，让她不要那么任性，或者干脆冷处理，任她哭够了为止，自己则假装没看见。正在这时，一个念头从这位妈妈脑中闪过："孩子为什么突然这么难过？会不会还有什么理由是自己没想到的？"

于是她坐下来，拉着女儿的手，再次询问女儿痛哭的原因。

女儿："天黑了，我很害怕。"

妈妈："你是怕黑吗？"

女儿："我不怕黑，可是爷爷还没回家。"

妈妈感到很纳闷，继续耐心地和女儿聊天，最后，终于明白了女儿哭泣的缘由。原来，小女孩和爷爷的感情一直很深，她看到窗外天黑了，想到爷爷还没回家，怕爷爷看不清路发生危险，所以急得哭了起来。

万幸的是，这位妈妈虽然一开始也不能理解女儿大哭的原因，也有过想要简单处理的念头，但是，她最终却选择去探究背后的原因。如果她没有继续追问那几个"为什么"，很可能会就此误会女儿，认为她不过是个任性爱哭的孩子；而女儿担忧的心情得不到抚慰,还遭到了家人的训斥,就会造成心理的创伤。

这位妈妈对于现象背后原因的探究,就是逆转式沟通必须具备的第一步——理解对方的立场。

走进别人的内心,如同探索陌生的世界,需要经过不断的心理调适和大量练习,并且因为个体存在特殊性,我们并没有一个绝对正确的范本可循。也正因此,我们在沟通中一旦遇到对方强烈的抗拒与愤怒,往往会觉得"毫无理由""原因不明""没有任何预兆""完全不知道是为了什么",但是,如果我们愿意尊重个体差异,愿意探究背后的原因,很多之前疑惑的事情,也就有了答案。当然,事情的答案总是简单直接的,我们所沟通的对象,也并非总能和3岁幼童一样单纯可爱。我们最常见的,是些固执而强硬的对手,他们或许是你正值青春期的孩子,或许是动不动就冷战的伴侣,或许是难缠的客户和坏脾气的同事,甚至,有可能是因为政治立场、宗教信仰等重大问题和你站在对立面的一群人。

《非暴力沟通》的作者马歇尔·卢森堡就曾经在难民营中讲解非暴力沟通,听众全是巴勒斯坦的男子,那时候,巴勒斯坦和美国的关系并不友好。演说中途,突然有观众站了起来,冲着卢森堡大喊:"谋杀犯!"接下来,其他人也都跟着大喊:"杀手!""杀孩子的凶手!""谋杀犯!"

如果这时,卢森堡默不作声,或者干脆来一场针锋相对的辩论,结果可想而知,他会被愤怒的人群赶出去,甚至会遭到殴打。但他并没有这么做,他回想起了之前来难民营的路上,看到地面上散落着印有"美国制造"的催泪弹弹壳,他很清楚,在这种情形下,自己"美国人"的这个身份,势必会招来敌意。

卢森堡心平气和地和第一个大骂他的男人进行对话。

卢森堡:"你生气,是因为你想要我的政府改变它使用资源的方式吗?"

男人:"天杀的,我当然生气!你以为我们需要催泪弹?我们需要的是排水管,不是你们的催泪弹!我们需要的是房子!我们需要建立自己的国家!"

卢森堡:"所以,你很愤怒,你想要一些支持来改善生活条件并在政治上独立?"

男人:"你知道我们带着小孩在这里住27年是什么感受吗?你对我们长期以来的生活状况有一点点了解吗?"

卢森堡："听起来，你感到绝望。你想知道，我或别人是不是能够真正了解这种生活的滋味？"

⋯⋯⋯⋯

这场对话持续了将近20分钟，男人一直在表达痛苦，而卢森堡则耐心倾听着对方的情感和需求，并且不断询问对方的感受。他深切地懂得，当一个人不得不在充满战乱、暴力、疾病与死亡的地方生活了二十几年，并且眼看着自己的孩子依然要承受这一切时，心中会有着怎样的绝望和愤怒，他将对方的感受一一道出，用这种方式让对方感到，对面站着的不是一个冷冰冰的演说家，而是一个体谅他们处境、了解他们痛苦的人。

在故事的最后，卢森堡写道："当这位先生感到我领会了他的意思，他开始愿意听我讲我来难民营的目的。一个小时后，这个原来称我为谋杀犯的男子邀请我去他家享用丰盛的晚餐。"

理解，是照在坚冰上的一束阳光，它消融冲突，让沟通变成可能。

如果我们处在同样的境遇下，遭遇了对抗和误解，是否也能放下心中的委屈和愤懑，去寻找对方情绪背后的诱因？如果我们听到了对方的故事，是否也能设身处地，明白对方为何会有这样的立场？

从来就没有毫无原因的对抗、悲伤和恨意，所有看似没有道理的爆发，背后都有着充分的理由。哪怕对方正与我们剑拔弩张，哪怕他们所经历的事情，我们未曾有过同样的经验，但是，站在对方的立场上设想一下，用我们的同理心仔细体会，我们就会明白每个人的"不可理喻"背后，都有着一条严密且合理的逻辑线索，在他们的经历、处境和思维模式下，他们的言行相当合理，而且有据可循。而这些，只有当我们运用逆转式沟通才能得以发掘，随着 V 形轨道的开启，我们深入到了对方的世界，感受着对方的感受，也因而懂得了他们与我们之间出现分歧的缘由。这个过程需要我们具备十足的耐心，甚至会遭到对方心理防御系统的攻击，然而，如果我们真的希望沟通富有成效，希望对方可以由此拥有更好的人生，那么，理解对方就是我们必须要做的事，而结果，绝对是值得的。

让对方充分说出自己

戴尔·卡耐基说过:"做一个好听众,鼓励别人说说他们自己。"让对方说出自己,这一点在逆转式沟通中尤为可贵。

逆转式沟通需要强大的同理心,让我们可以体会别人的情绪和想法。然而,每个人的经验都是有限的,我们即便满怀真诚地想要走进别人的内心世界,但总有自己难以企及的地方。因此,最能让我们了解对方的方式,就是让对方说出自己。

心理学大师艾瑞克森遇到过一名叫作玛莉的学生,玛莉本身也是位心理医生,她在来找艾瑞克森进修的过程中,言语中总是表现出很强的负罪感,以至于影响到了她的学业进程。艾瑞克森判断,玛莉的问题可能缘于她之前的经历,于是,他让玛莉回忆自己的童年,并且特意叮嘱:"不要用你的知识和理智,只要把自己的情绪挑出来,记住,只有情绪。"

第一次回忆时,玛莉想起了童年时一次冒险的经历。她曾经违背母亲的嘱咐,想要通过一根铁管爬过峡谷,结果半路上,她被峡谷的高度吓坏了,只能哆嗦着原路返回。

艾瑞克森很清楚,一次半途而废的冒险,并不至于对玛莉的影响如此之深。果然,几天后玛莉告诉艾瑞克森,那次冒险后,为了向妈妈解释自己晚归的原因,她编出了一个被土匪绑架、然后自己机智逃脱的故事。

一次说谎的经历,就会让玛莉愧疚至今吗?艾瑞克森继续鼓励玛莉说出自己的故事。第三次谈话时,玛莉承认,当年,就在她经历了那场冒险后,她的妈妈因为心脏病发作被送到了医院。她知道,妈妈生病一定是因为自己,于是愧疚不已,心中埋下了深刻的负罪感。

艾瑞克森与玛莉的沟通,展示出了逆转式沟通的精髓。

首先,是对于事物的包容与客观。面对玛莉的状态不佳,艾瑞克森没有批评;对于她情绪上的异样,他也没有草率地给出结论,而是帮助玛莉打开内心,让她勇敢说出自己的故事。

其次,是对于潜意识的尊重。在玛莉开始回忆往事时,艾瑞克森特意叮嘱,不要用知识和理智去解读,只需要找出回忆里的情绪。这是为了让她排除意识的干扰,充分调出潜意识里的渴望,因为只有潜意识里的内容,才是鲜活、真实并且深刻的。

此外，便是关于逆转式沟通的初衷。我们说过，逆转式沟通是为了让人获得成长。在玛莉"说出自己"的过程中，并非是一气呵成的，她有过犹豫和胆怯，所以最开始，她只能回忆起——或者说只愿说出那些对自己最无害的内容，毕竟，一个淘气的、想要爬过峡谷的孩子，不会招来太多责备。然而艾瑞克森很清楚，这绝不是玛莉负罪感的由来，如果只将问题展示到这一层，玛莉依然无法改变，负罪感依然会折磨着她。于是，启发未曾停止，玛莉一层层深入，越来越坦诚地面对自己的内心。她在这个过程中获得了成长，而这样的成长，并不是为了学业上的顺畅或工作上的优异，而是为了让她成为自己，成为一个真诚的人。

这个故事的结局，是玛莉送给了艾瑞克森一张照片，正好就是她进行冒险之举那年拍摄的。她告诉艾瑞克森："我才明白，我去学心理学，并不是因为对心理学感兴趣，而是为了挖出那段记忆。现在，我的家庭很幸福，丈夫体贴，孩子快乐，我不需要这个博士学位了。"

就像我们之前说过的，逆转式沟通不仅让人们明白自己想要什么，也能甄选出那些不想要的。而人们只有先真诚地面对自己，才能分辨出哪些想法是自己真实的渴望，哪些是对自己的错误解读，哪些不过是用来装点门面。在逆转式沟通中，我们作为沟通者的一个重要任务，就是要调动起对方的表达欲，让他能够说出自己，并因此看见自己，最终，将这样的自己勇敢展示给别人。这里所说的表达，是一个人内心感受的充分外化，不仅包括语言上的陈述，还包括行为和习惯。

曾有位年轻人，因为长期活在父母的高压控制中，以至于出现了一系列的怪癖。他不敢进入餐厅，不敢点餐，不敢和异性约会，如果对方是位年轻貌美且情史丰富的女性，他恨不得当场吓晕过去。后来，经过心理医生的治疗后，他终于恢复了选择的能力，开始充分表达自己，而他的表达，更多地体现在行动上。他搬出了父母的房子，出入餐厅品尝各种美食，和年轻的异性约会。在与一位离过六次婚的女性交往了几个月后，他发现对方并不适合自己，于是提出分手，并在不久后找到了真正的心上人。

话语权的长期丧失，让他的自我备受摧残，而当他的话语权恢复后，他终于开始了新生活。可以说，逆转式沟通中的倾诉，不仅是对情绪的疏解，还能帮助人们厘清内心，让他们自觉地发生改变。需要注意的是，表达自己是一个漫长的过程，因此，在让别人说出自己时，我们也必须做好十足的准备，等待对方一点点说出心声。

法国作家司汤达曾说过："叙述自己的痛苦，这会是一种幸福，可以跟穿越炎热沙漠的不幸者，从天上接到一滴凉水时的幸福相比。"我们所面对的，全都是鲜活的个体，他生命中每一个值得铭记的时刻，无论是喜悦的，还是悲伤的，都是他用宝贵的时间换取的，是他从过去通往今日的理由，理应被人知道，被人理解，被人记住。

我们还应该坚信，"说出自己，并从中获得安慰与改变"是人类的本能，那些正与我们进行沟通的人，其内心也一定希望有机会说出自己，并让自己在躲闪、犹豫、抗拒甚至谎言中，得以找到一丝缝隙，将潜意识彻底释放出来。

每个人都需要被懂得

英剧《神秘博士》中有个场景，博士带着凡·高穿越到了2010年的巴黎奥塞博物馆，去看凡·高自己的画展。展览上，凡·高看到自己生前那些无人问津的作品，如今被摆在博物馆里最显要的位置，参观它们的人群排着长队，每个人的眼里都闪烁着崇敬的光，听到馆长亲口说出："凡·高是世界上最杰出的画家，没有之一。在我心中，那个奇怪的、狂野的、在普罗旺斯田里漫游的男人，不仅仅是世界上最伟大的画家，也是世界上存在过的最伟大的人。"这位生前备受质疑的画家，不禁泪流满面。

这当然是个虚构的场景，但是却依然戳中了人们的心。每个人都需要被懂得，而每个人也都有过不被理解的时刻，也正因此，理解变得格外珍贵。

不被理解的人生，是悲伤的。有部叫作《镜子》的纪录片也印证了这一点，片中讲述了一群"问题孩子"和他们父母的故事，这些孩子因为不服管教，被送进了一所训练营，不能与父母见面。片子的最后，每对父母要给自己的孩子写一封信，一位少年满怀期待地打开信，看到上面写道："你的很多做法，都让我们感到很失望，希望你认识到自己的错误，早日回归正途。"

显然，少年并没能等来期盼已久的、带着温度与感情的理解，满篇只有冰冷的指责和训诫。他顿时落下了眼泪，面对镜头,他用了两个字形容自己的心情——绝望。

同样是哭泣,有的眼泪中饱含了被理解后的喜悦,有的则充满了不被理解的悲伤。这两种眼泪同样具有重量,一种能凿穿内心的壁垒,让磅礴的生命力喷薄而出;一种能击碎脆弱的心,让人心变成黑暗的空洞。

一个人如果长期得不到理解,甚至遭受严重的误解和排斥,后果将比我们想象得更加骇人。《恐惧给你的礼物》中有一宗真实案例。一名叫作迈克尔·佩里的男人连续枪杀了五个人,其中有三位都是他的亲人,他在杀害自己的父母时,手段尤其残忍——他用手枪打爆了他们的眼睛,此外,他还杀死了自己尚在襁褓中的侄子。一个人伤害老幼,本身就已经让人发指,而且对方还是他的亲人,这就更显得毫无人性了。

但是,随着案件的侦破,警方的发现却让人深思。

在佩里还是个孩子时,他从未体会过亲人的爱。他的母亲对他异常严厉,经常虐待他,他的父亲甚至请邻居来监视他的行踪,之后施以严酷的惩罚。在他被警方抓获的时候,他的旅馆房间里摆满了电视,电视上画着大大的眼睛,而他的一个笔记本上,列出了他想要谋杀的名单,其中包括一名当红女星,在那些名字旁边,还写着"天空"的字样。而根据他被捕后的供述，他从小就对眼睛有着特别的忌惮，他的谋杀名单中之所以出现那位女星，就是因为她在一部片子中看向镜头的眼神，像极了自己的母亲。

可以说，迈克尔·佩里的一生，都活在亲人的监视中，但从未被他们真正看见、真正理解，哪怕只有一次。他未曾受过亲情的滋养，所以才会对自己的亲人毫不犹豫地下手，对幼小的侄子都毫无怜悯之心；他不想再活在别人的目光中，因此亲手打爆了父母的双目，似乎只有这样，自己才能重见天日。

不被理解的人是可悲的，而他们会酿成更大的悲剧。你肯定不希望你的亲人、朋友变成这样的人，即使，他没有犯下骇人听闻的罪行，但同样会因为不被理解而封闭自己，内心充满怨恨。而这种不理解是具有传染性的，一个未曾被理解的人，也很难理解他人，他与人们的隔阂不断扩大，矛盾更加积重难返。

作为沟通者，从某种意义上说，我们对于别人的理解程度，会极大地影响对方看待事物的态度。如果一个人总是被人误解或无视，也很难以积极的视角审视世界，包括他自己。而倘若他尝过被人理解的滋味，便很容易变得温和包容，并且有着很好的抗挫力。

第二章 逆转第一步——理解对方的立场

正因如此，我们才希望每个人都能掌握逆转式沟通的技巧。逆转式沟通给予人们的，是一种由内而外的生命力，它通过沟通，在人与世界之间建立起了一种联系，让人们感到自己与世界是连接在一起的，自己并不是一座孤岛，而是值得被理解。我们借此走进别人的心里，理解他们；而他们，也将成为新的沟通者，将这样真诚有效的关系传递下去。我们每理解一个人的立场，每进行一次逆转式沟通，都能让这种良性循环继续下去，如此说来，我们自己也会成为受益人。

卡耐基有个叫作汤姆斯的学生，他给卡耐基讲述了自己去"催债"的故事，就是逆转式沟通良性循环的范例。

汤姆斯替自己所在的汽车公司去向6位拖欠了修理费的客户追讨债务。然而，他没有像以往的商务代表那样，一上来就直奔主题，更没有理直气壮地告诉客户，自己不仅没有记错账目，而且公司在汽车业务方面远比顾客要内行。汤姆斯对欠款只字未提，他请客户反映对于汽车公司服务状况的意见，而且明确告诉客户，在客户说完自己的想法之前，绝对不会插嘴。

客户们对着汤姆斯尽情倾诉，汤姆斯则对于他们的苦恼表示了极大的关心和同情。"我相信，没有人比你们更了解自己的汽车。"他这么说。之后，他请客户说出对于账单的异议之处。客户们觉得自己受到了尊重，自己的苦恼得到了理解，就连自己拖欠账单这么不太高尚的行为，都被汤姆斯用一种体面的说法给予了解读。在这种心态下，他们放下了对立的情绪，不仅听完了汤姆斯解释每一项收费条款，而且也愿意进行协商，这是以前和其他商务代表从来没有过的。

最终，汤姆斯不仅成功收回了这6笔欠款，而且，这几名客户还陆续购买了汤姆斯所在公司的新汽车。从对立，到对话，再到接纳，继而是信任，这就是逆转式沟通所带来的改变。

汤姆斯之所以成功，并不是因为他一改其他商务代表蛮横生硬的话术，而是他真的愿意走进客户的心中，主动请他们说出自己的想法，弄懂他们究竟哪里存在意见。是他的理解，帮他完成了这次完美的逆转式沟通。而他不仅逆转了客户对于欠款的态度，也让这份信任持续发酵，最终让自己受益。

第三章

逆转第二步——
加入对方的行列

注意每粒微尘的移动。
注意每个刚抵达的旅人。
注意他们每人都想点不同的菜。
注意星怎样沉、日怎样升,所有河溪怎样
共奔大海。

——鲁米

从"我和他",到"我和你"

请假设这样一个场景:一对父母带着一个 10 岁的孩子,找心理医生治疗孩子尿床的毛病,父母之前用过很多方法,比如鞭打,比如让教友(这对父母加入了一个非常严苛的教会)在集会上大声祈祷男孩别再尿床,比如将孩子捆绑起来,让他自己说出:"我是一个尿床精!"结果统统没用。

父母几乎是拖着孩子来到办公室的,他们各自抓住孩子的一只手,为了防止他逃跑,还强迫他把脸贴在地板上。孩子拼命反抗,嘴里不断发出野兽一样的吼声。

如果你是心理医生,面对这样一幅诡异的画面,听着孩子口中的大呼小叫,你会如何应对?

站在男孩对面的那位心理医生,做出了他的决定:

首先,他将孩子的父母请了出去,留他和孩子在房间里独处;

其次，他耐心地看着男孩呼号，直到男孩疲倦了，不得不停下来换气；

这时，他突然扯开嗓门，模仿男孩的频率，冲着男孩大声号叫；

紧接着，他看着目瞪口呆的男孩，说道："我的这轮结束了，现在换你。"

就这样，两个人你叫一会儿，我嚷一阵儿，轮换着鬼哭狼嚎，如果旁边有第三个人旁观，一定会坚信医生和病人已经一起疯掉了。几轮下来，医生坐在了一张椅子上，男孩自然而然地坐上了另一张，医生开始了提问，男孩立刻做出了回答，一切就像刚刚他们大呼小叫时一样默契。他们似乎就此达成了某种共识，或者说是构建起了某种关系，在此后的四周时间里，这位心理医生对于尿床只字不提，而是兴致盎然地和男孩讨论起了各种有趣的运动。四周后，男孩不再尿床，而且再也没有复发。

这位心理医生，就是我们多次提到的艾瑞克森。他之所以在心理学领域享有盛誉，就是因为他总能通过逆转式沟通，让患者出现奇迹般的转变。而他的这则案例，为我们生动地演绎出了**逆转式沟通的第二步——加入对方的行列**。

当我们达成了逆转式沟通的第一步——理解对方的立场，一场意义非凡的沟通，也就摁下了"开始"键，然而，要想后续逆转能够顺利进行，仅仅理解对方是不够的。我们必须将这份理解传达出去，让对方真实感受到自己被懂得、被了解。

如果说"理解对方的立场"是画出了"V"的左半部，让我们得以深入对方的世界，同时深入沟通的核心，那么，到了"加入对方的行列"这一步，我们便走到了"V"字的底端。沟通双方在这一步交汇，也是从这一步开始，他们将逐渐形成逆转力，为最终的上扬创造条件，积攒能量。而想让拐点得以形成，我们作为沟通者，在这一步就需要和对方真正站在一起，共同面对他们所处的局面。

为何一定要"加入对方的行列"？我们不妨将以上案例仔细剖析，看看这一步在逆转式沟通中究竟起到了怎样的作用：

1. 艾瑞克森把男孩的父母请了出去——他理解男孩的苦恼，于是，帮男孩屏蔽掉带来压力的外部因素；

2. 他和男孩轮流大喊大叫——他不做旁观者，加入了对方的行列；

3. 讨论各种运动——展示出身体的另一种可能。

最终，男孩自己实现了改变。

艾瑞克森第一时间就洞察到了男孩的立场，并为他驱赶走粗暴的父母，但是，此刻的男孩依然大喊大叫，极力抵抗，因为他还不能领会到艾瑞克森的善意。直到艾瑞克森用轮流喊叫的方式，加入了男孩的行列，男孩才真正开始接受他。

那场看来滑稽的大呼小叫，让两个人找到了最佳的互动模式，艾瑞克森用一种不可思议的方式，完成了逆转式沟通中的这个重要环节。他所发出的吼叫，并不是在单纯地模仿男孩，而是在对男孩发出信号："嘿，我们是一样的。"

为什么逆转式沟通必须要"加入对方的行列"？因为一切卓有成效的沟通，论其本质，都是一种关系的重建。无论沟通的双方是夫妻、亲子、朋友、同事甚至敌人，但只要两个人想要建立起新的连接，就必须打破原有的连接。当然，这不是让他们改变现实中的血缘、婚姻或上下级关系，而是要打破这些关系带来的层级感。当逆转式沟通开始，也就意味着，沟通双方必须站在同一个平面上，一同发声，而不是一方仰视另一方，沉默地听着对方的教训。

逆转式沟通是一种深层次的"V"形沟通，"V"指的是沟通的过程,并非代表双方在沟通中的地位存在上下差异。逆转式沟通提倡打破层级,在沟通中实现最大程度的平等,无论你是上级、是父母、是专家,还是传统意义上的强势人群,都必须在沟通中和对方保持同样的层级,就像我们对小孩子说话时,必须先蹲下去与之目光平视一样。我们只有与对方在同一位置时,我们才能懂得对方,对方也才能接受我们,双方才可能实现同频共振,凝聚成沟通的合力。

艾瑞克森的一位学生曾吐槽遇到的难题,他在为一名20岁女孩进行治疗时,和女孩的父母沟通顺畅,却遭到了女孩的强烈抗拒。学生感到很苦恼,艾瑞克森的回答很不客气:"那是因为你总摆出一本正经、高高在上、专业的架子。"学生转而使用逆转式沟通,果然,女孩很快接受了他。后来,女孩知道了艾瑞克森从中起到的作用,特意为他亲手做了一只紫色布牛作为感谢,那只紫牛一直摆在艾瑞克森的办公室里,他称它为"一件艺术品"。

艾瑞克森非常反对在沟通中营造层级感,即便是心理医生与患者之间的交流,他也要求医者放下身段:"我认为最重要的,就是竭尽所能对病患做出对他们有帮助的事。至于医生个人的尊严……去它的尊严。我不必摆出一副高高在上、专业人士的模样。"把这里的"病患"和"医生"换成任何需要沟通的双方，同样适用。

艾瑞克森的理念，并非是孤例。美国加利福尼亚州立大学曾经针对层级感在沟通中的作用进行过研究，结果发现：一条信息如果是来自领导层的，其中只有20%—25%的内容能被下级获取并正确解读；如果信息是来自被领导层的，效果则更糟，最多只能有10%的内容被上级获取并正确解读；而当沟通发生在平级中时，效率则直接飙升到90%以上。这一系列现象被誉为"沟通位差效应"，人们由此得出结论，当沟通发生在平等的基础上时，效率才能达到最高。

逆转式沟通之所以具有优越性，原因之一就是它打破了固有的沟通模式，沟通双方不再是坐在长条会议桌两端的谈判者，需要刻意保持着距离，也不再有高低之分，必须一方听命于另一方，而是双方站在一起，一同形成逆转现状的合力。如何才能将力量合流？其中至关重要的一步，就是"加入对方的行列"。这种独特而强大的关系，在马丁·布伯的《我与你》中，有个形象的称呼——我与你。

马丁·布伯将人与人之间的关系总结为"我与你"和"我与他"两种。在一段关系中，一旦有人有所保留，或者是心怀明显的企图，或者掺杂了人为的转述和加工以及主观的想法和经验，这样彼此存在着阻隔的关系，就是"我与他"的关系。在"我与他"中，人与人之间极具目的性，大家并不真的关心对方，也不在乎别人是否懂得自己，双方都不会关注对方的内心，也就不会发生撼动生命的改变。

而另一种关系，则是"我与你"的关系。这种关系是一种全身心的、亲近无间、毫无隐藏的交流，"我"带着自己的全部与"你"相遇，"我"尊重"你"的感受，就如同尊重"我"自己的感受，我理解你的立场，就如同理解"我"自己的立场。在"我与你"的关系中，人们不仅是在平等的基础上沟通，更走进了对方，充分发现、理解、体会对方。这才是真正意义上的亲密关系，胜过血缘、姻缘和其他社会学关系或人际称谓上的亲密。需要特别指出的是，"我与你"并不是让"我"成为"你"，或让"你"成为"我"，而是要用彼此的了解，去拓展彼此的格局。由此所带来的影响也是巨大的，马丁·布伯将其描述为："在完美的关系中，我的'你'包含了我的'自我'，但又不等于我的'自我'，我的认知局限得以在不受限的认知里得到升华。"这种升华，是"我"与"你"完全相遇后才能出现的突破，而且发生在"我"与"你"的双方。逆转式沟通所秉承的，便是"我与你"的关系，人们打破了原有的隔阂，沟通双方站在一起。只有这样将"我"与"你"的力量联合起来，沟通才能发挥出最大的价值。

法国作家阿尔贝·加缪曾说："不要走在我的后面，因为我可能不会引路；不要走在我前面，因为我可能不会跟随；请走在我的身边，做我的朋友。"在逆转式沟通中，沟通双方便是这样并肩而行的姿态，如果对方正凝视着黑暗，那我们便也凝视，如果对方正遥望光明，那我们便也遥望。这种在交汇处的充分相遇，让每个人都可以达成"我与你"的关系，沟通便因此拥有了一个解决问题的大前提——因为你中有我、我中有你，所以，双方都不会以阻挡对方为目的，而是会试图找到让大家都能获益的方案。即使V形轨迹全部完成后，这场"我与你"心灵相拥的余热还会长久存在，因为逆转式沟通，我开阔了我的眼界，你拓展了你的格局，即使以后双方不再有交集，但是在进行逆转式沟通的时刻，他们都实现了自我疆界的拓展。

学习对方的语言

美国作家杰罗姆·大卫·塞林格在创作那本举世闻名的《麦田里的守望者》时，经常会去学校门口溜达，在那里，他偷听中学生们如何说话，了解他们的流行用语和关心的话题，他还总找机会和那些年轻人聊天，默默记下那些新奇的词语。后来，他笔下的霍尔顿·考尔菲德打动了无数人，评论家们赞誉这本书写尽了青春的迷茫和坚强。

塞林格在写《麦田里的守望者》时，已经不再是少年，因此他选择"加入对方的行列"。因为他的加入，他才得以深谙少年的心声，而他加入的方式，则是主动学习对方的语言。在逆转式沟通中，这样的学习同样非常必要。

学习对方的语言，是沟通顺畅的基础，如果跳过这一步，必然会引发无数纷争与误会。《圣经·旧约·创世记》中记载的关于"巴别塔"的传说，便印证了这一点。当时的人类有着统一的语言，他们商量一起修建一座通往天堂的高塔——巴别塔。上帝并不希望他们这么做，于是让人们的语言出现了差异。因为无法沟通，修建"巴别塔"的计划失败，人类由此四下分散，并有了不同的语系和种族。

如果我们尚且觉得"巴别塔"像个传说，那么下面这则真实的故事，则让我们看到了不同语言间的巨大差别。赫鲁晓夫曾在美国进行演讲，其间他将双手紧握在头上，像个刚刚在拳台上获胜的选手般上下挥舞手臂，因为这个动作，几乎全美国的人都被激怒了，他们认为这是赤裸裸的挑衅。然而深谙俄罗斯文化的人却知道，赫鲁晓夫确实被冤枉了，在俄罗斯人的眼中，这种手势的意思是"为远隔重洋的友谊握手"。这种因为文化差异而造成的误会，我们无法责备其中的任何一方，当不同文化碰撞出璀璨火花时，也必然会弥漫出火药的味道，同样的，当不同的个体或群体进行沟通时，沟壑贯通之际，也必然扬起沙尘。而让对方穿越阻碍的最实际方式，就是学会对方的语言。

可以说，学会对方的语言，是"加入对方的行列"所必需的准备工作。想要让自己的观点获得最大程度的接纳，就要找到一种能让对方接受的沟通方法，就像艾瑞克森说的那样:"无论你的病人是何许人也,请顺势而为。假如她会吟诵,你也可以吟诵。假如她是个摩门教徒,你也应该对摩门教略有所知。"当艾瑞克森看着10岁男孩在他面前大喊大叫时,他便迅速学习了这种"语言",然后,马上用这种"语言"与男孩展开互动,对方不仅停止了哭闹,还迅速将艾瑞克森视为自己的同类。

人们对于同类总会更愿意交流,一位以报道社会新闻见长的记者说,他有一个衣柜,里面装满了采访需要的秘密武器——各种陈旧甚至残破的衣服,每当他需要采访那些处于社会底层的人之前,就会从中找出适合的衣服,再故意把头发抓乱。我们不敢说这身装扮就是他的制胜法宝,但倘若他穿着阿玛尼的高定,顶着美发总监吹出来的时髦发型,再喷上几百美金一瓶的潘海利根,采访对象恐怕很难相信这样一个人可以替自己说话。既然无法信任,那就干脆闭口不言。

我们学习对方的语言,并不只是学习对方的说话方式,遣词造句只是最简单的模仿,而逆转式沟通所需要的,是用对方所惯用的思维,去解读他的意愿。艾瑞克森这样解释道:"每个人都拥有独特的语言表达方式,当你聆听对方陈述心事时,要记得他的语言与你的不尽相同,你不该用自己的语言衡量他想表达的信息。请试着以他的语言，了解他的处境。"

一个7岁的小女孩，在和爸爸的旅行中，丢了自己心爱的帽子——爸爸把帽子搁在了火车行李架上，下车时忘了拿。小女孩回家后发现帽子没了，哭个不停，她让爸爸给自己道歉。爸爸十分不耐烦，在他看来，一趟旅游应该远比一顶帽子重要，女儿不仅不感恩，而且还无理取闹。

于是，父亲对女儿说："只不过是顶帽子，没有什么好难过的。你如果再因为这个没完没了，以后我再也不会带你出去旅游了。"

对于一位中年男性来说，那顶粉紫色镶着小水钻的帽子，确实属于可有可无的东西，即使丢了也完全不用放在心上。但是，这位父亲却犯了沟通中的一个错误，他在用自己的语言，去解读孩子的做法。在成年人的语言与认知系统中，旅游通常比帽子重要，然而对于一个7岁的小女孩而言，事情未必是这样。

那顶闪闪发亮的帽子，可能是她世界中极其重要的一部分。也许，她每次戴上它时，都会幻想自己是位可爱的公主，当帽子丢了，与之相关的美妙世界也就消失了；也许，她的好朋友也有一顶相同的，她认为这是她们友谊的象征……这些想法，才是小女孩所熟悉的"语言"，而这位父亲显然对此并不精通。当和女儿产生冲突时，他以成年人的想法去解释整件事，认定女儿不该如此难过，自己也就完全没必要道歉。

语言上一旦不通畅，即使是最亲密的关系，也会爆发矛盾。《杀死一只知更鸟》中，阿提克斯曾告诉他的孩子们，除非花一点时间"钻进他的皮囊到处遛遛"，不然永远不会真正了解任何人。在逆转式沟通中，"他的皮囊"不限于任何人，亲人与敌人都需要我们将自己彻底投入进去，进入他的内心，学会他的语言，然后以此作为通行证，理解在他的世界中什么才是最重要的。

当然，"他的皮囊"对你来说很可能并不舒服，尤其是，当那个"他"或许是你讨厌的人或者仇视你的人，你会心生抗拒，忍不住远离对方的一切。但如果你希望通过沟通切实改变些什么，你就必须先"加入"那些攻击你的人，承认他有感受的权利，哪怕这感受让你不适，学习他们的表达方式，哪怕这方式你从未见过，然后，用他们的语言去理解他们的想法，哪怕那想法与你的大相径庭。在这个过程中，你需要充分调动自己共情的能力，即便共情过程中有各种不适，但你并不会有任何实质性的损失，相反，进入"他的皮囊"，会让你找到将力量合流的途径，而这将成为一种让你受用终生的能力。

然而我们需要特别说明，学习别人的"语言"，并不是为了让自己成为别人，或让别人成为自己，无论任何一方抛却自己，都会形成"共生"，而"共生"是种病态的相处模式。我们学习别人的"语言"，是为了让不同观点的人们找到同频的方式，一起逆转局面，并不是让人们泯灭自己的观点和个性。这世界本来就是由截然不同的事物组成的，正是它们之间巧妙的联通，才让一切生生不息。

学习的误区

如何才算真正学到了对方的语言？

如果你养了一只猫，你十有八九做过这样的事情：蹲在地上，看着那只猫的眼睛，然后嘴里模仿它，不停发出"喵喵"的叫声。在那一刻，你或许产生了一种幻觉，认为只要发出这样的声音，猫就会把自己视为同类，和自己格外亲近。

猫当然听不懂你在说些什么，它唯一能感知到的，大概就是面前这只人类的大脑不太灵光。不过，这个现象却说明了两个事实：

1. 人类有着走进他人（甚至是其他生物）世界的意愿；
2. 我们以为的"对方的语言"，很可能是错误的。

如果说，之前提到的那位弄丢女儿帽子的父亲，是因为根本不想学习"对方的语言"，有些人则是很希望能了解对方的想法，但是，却偏偏因为不了解对方的语言，而闹出诸多误会。

情人节将近，一位年轻男士问自己的女友想要什么礼物，女孩考虑了片刻，告诉对方自己想要最新款的MAC。情人节当天，女孩打开了礼盒，看到里面躺着一台苹果的Macbook笔记本电脑。面对这份昂贵的礼物，女孩却一脸迷惑，因为她口中的MAC，是魅可（因为简写为MAC）彩妆公司新出的口红。显然，男友是真心地希望可以给她一份满意的礼物，并且主动询问了对方的意见，这一点，他做得比那位爸爸要优秀，然而，因为他不了解女友的"语言系统"，最终还是闹出了笑话。

在逆转式沟通中，"学习语言"更是一项系统而深入的工作。我们不仅要知道对方表面上在说什么，还要明白他们实际上是要表达什么，并且知道他们为什么会这么说，自己又该如何表达才能让对方接受。具体说来，要分为以下几个步骤：

1. 学习对方的表达方式；
2. 体会对方的思维模式；
3. 深入对方的背景；
4. 理解对方语言背后的真正诉求。

举个例子，一天，舞蹈老师发现，她的一位学生突然一改往日的乖巧模样，不断破坏课堂纪律，一会儿从队伍里跑出来躲在窗帘后面，一会儿又把练功垫当作玩具卷来卷去。老师没有出言责怪，而是在课间和小女孩一起摆弄起了练功垫，并且还向对方征求意见："你看我弄得漂不漂亮？"过了一会儿，小女孩扬起头问她："老师，我和玛丽，你更喜欢谁？"

按照上述的步骤，舞蹈老师的学习过程是这样的：

1. 学习对方的表达方式——和女孩一起卷着练功垫。
2. 体会对方的思维模式——问女孩："你看我弄得漂不漂

亮？"这看起来是个普通的询问，实际上，老师发现了女孩是想引发别人的注意，于是，她也用同样的方式，引起女孩的注意。

3. 深入对方的背景——小女孩扬起头问她："老师，我和玛丽，你更喜欢谁？"这同样不是个简单的提问，而是透露出了一个重要的信息，小女孩十分在意那个名叫"玛丽"的同伴，并且在心中默默将之视为竞争对手，而她们竞争的，是老师的喜爱，而女孩希望自己在老师心中的排序比别人要靠前。

4. 理解对方语言背后的真正诉求——有可能，这位小女孩是缺乏关爱，希望获得更多的关心，也有可能，她是因为性格争强好胜，希望所有目光都能集中在自己身上。想要甄别出具体是哪种情况，就需要老师进一步施展逆转式沟通，不断提出问题，让女孩继续给出精准的答案了。

可见，"学习语言"是个由浅入深的过程。最开始，我们只能记住对方的只言片语，触及对方思想的皮毛。但因为我们多少掌握了对方的语言习惯，所以从形式上说，我们此刻似乎能和对方"站在一起"了，但实际上，我们只是在进行着最浅层的模仿，我们的内心，依然和他们处于"我与他"的关系。

进而，我们要去学习对方的思维模式。请注意，我们是去学习、去了解，而不是要给对方的思维模式打分或做出评价。我们要掌握对方的内心逻辑，即使这逻辑在你看来是漏洞百出、怪异甚至是错误的，但它却真实地存在于对方身上，我们必须尊重这种存在。

体会对方的思维模式后，接下来，我们就要进入对方的世界，找出他表达方式后的原因。他为什么会有着这样的思维体系，是因为他儿时的经历？受到的教育？父母的影响？还是他受到过某种创伤？只有了解了这些，我们才能明白双方为何存在表达上的差异。有这么一位丈夫，平日里一切正常，但只要妻子不小心忘记了他叮嘱过的事，比如去超市忘记了买火腿，丈夫就会大发雷霆。看起来丈夫是在小题大做，但如果你得知他儿时总被母亲忽略、提出的要求从来得不到满足，就会明白他为何会对妻子的遗忘如此敏感。

在深入对方的背景后，我们要体会出他想要表达的真实诉求。从表面上，丈夫是为吃不到火腿而生气，实际上，他是在表达内心的惶恐不安，他的怒吼，其实也是求助："求你重视我吧，我受不了再被人忘在脑后。"每个人都会提出自己的诉求，但口头上的诉求，未必就是内心真正需要的。3岁孩子希望面包按照他的意愿切开，实际是为了维持内心的秩序感；6岁孩子哭闹着要自己摁下电梯摁钮，实际是为了体验自己的重要性；18岁的姑娘希望收到红玫瑰，实际是希望满足对爱情的憧憬。正是这些没有说出口的潜台词，才是一个人的真实诉求，也才是我们与其进行沟通时的重要参照。

当我们一步步完成了"学习对方语言"的过程，我们才可能和对方站在一起，成为亲密的"我与你"。有些人或许觉得，这样主动地走进对方，难免太委屈自己，但请记住我们在逆转式沟通第一步"理解对方的立场"时所提出的观念："沟通不是比赛，你不需要赢。"

你不需要战胜你的孩子，而是希望他可以身心健康地成长；你不需要战胜你的爱人，而是希望你们的感情稳定而甜蜜；你不需要战胜你的客户，而是希望可以获得双赢；你不需要战胜你的同事，而是希望有一个可以并肩战斗的战友；你甚至不需要战胜你的敌人，与其消耗巨大的力量，最后两败俱伤，不如找出一种让大家可以和平相处的模式。

如果我们决定开始一场逆转式沟通，抛弃了输赢之心，那么学习对方的语言，便绝说不上屈尊，你所做的一切，都是为了以最好的方式解决问题，这比什么都要重要。

学会替对方发声

我们都曾接到过推销员的电话，很多推销员表现出了一种"无用的执着"。

他向你推销一份产品，你感觉这产品并不适合自己，于是告诉对方："谢谢，我不需要。"但是，很多推销员却会像没有听到一样，喋喋不休地继续着刚才的话题，自顾自介绍产品，仿佛多说两句，你就能突然改变心意。最后的结果，只能是你皱着眉头挂断了电话。

在很多文化中，都告诉人们"坚持就是胜利"，当对方第100遍拒绝后，只要重复第101次，就能离成功更近一点。于是，人们在沟通中也秉持了这个理念，根本不在乎自己说出的是否能让对方感兴趣，不在乎自己的诉求是否也是对方的诉求，人们拼命输出观点，把沟通变成了一场纯粹的个人展示。

对于这些无效沟通，卡耐基曾评论："现实生活中有些人之所以会出现交际障碍，就是因为他们不懂得一个重要的原则——让他人感到自己重要。"逆转式沟通之所以总能让人欣然接受，就是因为人们从中真切地感觉自己受到了尊重，这种尊重并不是充满功利性的吹捧，也不是礼貌的客套，而是对方和自己站在了一起，关注自己的感受。作为沟通者，我们如何将内心的理解传达给对方？

《非暴力沟通》中，作者马歇尔·卢森堡记录了这样一个故事——

一对夫妻来找他求助，妻子抱怨丈夫："你从来不好好听我讲话。"

丈夫很委屈："我怎么没有？"

"你就是没有！"

这时，卢森堡开口问那位妻子："听起来，你很失望。你需要体贴，是吗？"

妻子顿时流下了眼泪，卢森堡告诉丈夫："我相信这就是她的需要——她需要倾听和理解。"

丈夫感到不可思议："她要的就只是这个？"

卢森堡之所以能用一句话打动了那位妻子，是因为在那一刻，他与她站在了一起，他看出她口中的"不好好听我讲话"并不是字面意思上的"听"与"讲"，而是希望丈夫能够给予自己耐心和呵护。他替她说出了心声，她感到自己获得了尊重与理解，所以才会流下热泪。

在沟通中，"替对方发声"是一种难得的能力，因为"对方"既可能是我们的亲人和朋友，也可能是我们的对手和敌人。对于站在对立面的人，人们通常要么选择战斗，以求战胜对方，要么选择逃避，以求避开对抗，而逆转式沟通却给出了第三种选项——"替对方发声"。

在逆转式沟通中，"替对方发声"让"我与你"实现了共振，人们用这种方式告诉对方："我懂得你的感受与诉求。"而对方也因为沟通者的发声感知到了这份真情。当一个人知道自己被理解时，内心会产生巨大的信任与感动，这种力量会在"V"字拐点处不断积蓄力量，如同一个不断加速的车轮，等到时机成熟，便会画出一路上扬的右半部。而我们与对方共振的程度有多深，逆转的力度就有多大。

《非暴力沟通》中，有一位女性在戒毒中心工作，一天，一位前来求助的瘾君子听说房间满员后，立刻掏出尖刀，对准了她的喉咙。这是个生死攸关的时刻，如果，她情急之下一味地为自己陈述（就像那些电话推销员一样），对方一定会被激怒，认为她是在找借口推脱，随即不耐烦地杀了她。但幸运的是，她想起了让沟通转向的重要一步——加入对方的行列。

当然，加入对方的行列不意味着她也要成为瘾君子，而是想象自己如果也求助无门，会有着怎样的感受——必然是气愤且绝望。她体会到了那种心情，继而决定"替对方发声"。

"看起来，你真的很生气，你想有一个房间可以休息。"她说。

男人大喊："就算我是个瘾君子，我也需要尊重。没有人尊重我，气死我了。连我的父母都看不起我！"

这是个重要的信号，虽然男子情绪依然激动，但他已经停止了咒骂和威胁，转而顺着女员工的思路，诉说起了自己的感受。而女员工也由此迅速掌握了对方"语言"背后的真正诉求——尊重。

接下来，她继续帮他表明心事："得不到别人的尊重，你是不是很气愤？"

就这样，这场对话持续了半个多小时，她一直在体会着对方的心情，然后替他说出来。沟通中，原本疯狂的瘾君子渐渐恢复了理智，他最终放开了女员工，收起了尖刀，而女员工也帮他在另一处戒毒中心找到了住处。

瘾君子为什么会放弃攻击？因为女员工的话击中了他潜意识最深层的渴望，在他被人们唾弃，甚至连家人都鄙视他的时候，一个陌生人却关注到了他有多么需要尊重，和他站在了一起，替他说出了心声。这份理解如同甘霖，将怒火熄灭。我们之前说过，在逆转式沟通中，只有加入对方的行列，和对方站在一起，对方才能真切感受到自己被人理解。如果把这一步再具体些，那就是：只有当我们替对方发声时，对方才能直观地体会到这份理解，进而反馈给我们信任，双方形成合力，让逆转成为可能。

每一种声音，都有回响

在逆转式沟通中，既然"学习对方的语言"不仅限于学习说话的方式，那么"替对方发声"，必然也不限于口头表达。

有时候，我们会直接说出对方心中所想，让对方知道自己并非一座孤岛；有时候，我们会用行动代替语言，让对方感知到我们与他们同在。

一场大雨后，一位女士家的墙壁被水浸湿了，她联系了物业过来维修。登门的是一位上了年纪的维修工，从他大声叫门起，女士便能感觉到他的不情愿，之后进屋、检查墙体、准备工具、在暖气上系保险绳，维修工更是全程黑脸。而气氛的变化，是从女士的一个动作开始——在他登上窗台之后，她伸手抓住了他的外套下摆。那是个下意识的动作，虽然有保险绳，但她很怕他会踩空。

维修工的表情迅速柔和起来，他开始主动和女士聊天，得意地说起自己的几个孩子都上了大学，还吐槽住在小区地下室里做饭不太方便。修缮完毕后，修理工满脸笑容地和她告别，和之前冷若冰霜的样子判若两人。

对于任何一个人来说，站在顶层的窗台外刷防水材料，都不是一件让人愉悦的事。女士感觉到了对方内心的担忧，而她也十分认同这份担忧，于是抓住对方的衣角。从那一刻起，她不再是一个旁观者，而是和他站在了一起，在他粉刷墙壁的那几十分钟里，他们更像是在齐心协力共同完成一件事，正因如此，修理工改变了态度。

语言也好，行动也罢，哪怕一个细微的眼神，只要我们愿意做出表示，就能形成一种意向明确的表态，让对方感知到我们在替他着想、在尊重他的感受。这种表态不仅能有效打破沟通中的尴尬，让对方体会到愉悦，也能让自己受益。

心理学大师艾瑞克森曾经为了赚取大学学费，挨家挨户推销图书。在某个傍晚，他走进了一间农舍，农夫听到来意后直言不讳地说："小伙子，我从不读任何东西，我只对我的猪感兴趣。"

艾瑞克森提议："既然你现在正在喂猪，不妨咱们聊会儿天，帮你打发一下时间。"

农夫耸耸肩："你可以和我闲扯，不过，小伙子，这改变不了什么。我的心思都在我这些宝贝猪身上，连你说些什么都不会留意的。"

艾瑞克森一边天南海北地聊着，一边从地上捡了两块石头，开始为猪搔背，他出身于农民家庭，这些活计早就驾轻就熟。忽然，农夫停下了手头的工作，盯着艾瑞克森说："你知道如何以猪喜欢的方式搔背，你是个爱猪的人，我愿意和你这样的人说话。不如你留下来吃晚饭吧。"当然，那一餐之后，农夫愉快地买下了一整套丛书。

艾瑞克森明白，对于一名农夫来说，比起书籍，与农活有关的话题才是他们更熟悉的"语言"，艾瑞克森敏锐地观察到了这一点，然后用给猪搔背这种最直观的方式告诉对方："我们是一样的。"一个动作，打通了双方沟通的渠道，农夫感受到了尊重——看啊，这个小子不是只会卖书，他还关心我的猪——而艾瑞克森也因此得偿所愿。比起那些一味陈述自己观点的推销员，这种沟通方式要高明得多。然而更难得的是，艾瑞克森并非是在假意讨好对方，事实上，他一直为自己是农家子弟而颇感骄傲，一位精神医学教授曾嘲笑艾瑞克森是"无知的乡下人"，艾瑞克森漂亮地反击了对方，这个故事还被记录在了《催眠之声伴随你》一书中。他确实能够与农夫产生共鸣，不但如此，作为心理学大师，哪怕对方的经历和他截然不同，艾瑞克森也能凭借对逆转式沟通的精熟运用，和任何人站在一起，一次次扭转困局。

用一切方式走进对方、理解对方，目的是为了唤醒对方心中的渴望，这渴望有时会以我们意想不到的方式激发出来。曾有一家医院的院长向艾瑞克森求助，一位12岁的女病人成了医院中的"危险分子"。女孩外表娇小漂亮，端庄有礼，她常常客气地询问护士："请问，你能不能给我一些蛋卷冰激凌和糖果？"每次接过食物后，女孩都会露出甜美的微笑，礼貌道谢，然后，再以一记空手道劈向对方的手臂，或者使劲踢打对方的胫骨和脚，还会用力扯坏对方的衣服。她的破坏力十分惊人，连病房墙上的壁纸都不放过，每次刚换上新的，就会被她撕得四分五裂。

艾瑞克森来到病房时，正好看到女孩在撕扯壁纸，他没有阻止，反而替她做了更多——他撕了床单，拆了病床，还把病房里的窗户全部打破了。不仅如此，艾瑞克森还兴奋地向她提议："让我们把输送暖气的通风口拔掉，再把里面的管线扭断。"两个人一起使劲拉扯，终于破坏了室内的暖气设备。

艾瑞克森环顾四周，显得意犹未尽："这儿没什么可以破坏的了，我们去破坏别的房间吧。"

女孩却有些迟疑："你确定要这么做吗？"

"当然，我认为这很有趣。"

当他们前往另一间病房时，看到走廊里站着一位护士，错身经过时，艾瑞克森突然冲上去，将护士的制服扯成碎片，护士不得不穿着内衣裤站在原地。

就在这时，女孩突然开口了："你不该这样做。"然后，她跑回房间，将被扯裂的床单拿出来，披在那位护士身上。

从那以后,女孩再也没有攻击过任何一位护士,多年后她病愈出院,找到了工作,并结婚生子,过上了正常人的生活。而艾瑞克森联合护士上演的这一出"闹剧",像镜子一样,让女孩看到了自己的行为有多么不可理喻。这也是逆转式沟通的意义之一,我们替对方发声,不仅是因为我们能理解对方的苦衷,给对方以安慰,也因为可以借此反射真相,给对方以启示。

艾瑞克森将逆转式沟通的第二步总结为"加入患者的行列"(Join The Patient)。我们则将其范围扩大,变成"加入对方的行列",在这一步,我们尽心发出的每一种声音,都能得到应有的回响。

我们每个人,都期待过自己能成为有影响力的人,站在聚光灯下接受人们的爱戴。但一个人之所以能影响别人,并不在于脚下的高台,而是他可以随时俯下身,谦恭地与台下的每个人站在一起;在于他铿锵发言的那一刻,能够讲出别人的心声;在于他能带领人们一起探索事物的另一种可能,然后共同逆转困局。

《我与你》全书结尾处的那句话,便道出了这种人所做的事,究竟有着何种的意义:"在世界中叫作'转折'的事件,在天道的维度里,叫作救赎。"

第四章

逆转第三步——
展示另外的可能

心灵需要冲击才能清醒过来,
我们把这种冲击称为"问题"。

——克里希那穆提

如何给出建议，对方愿意接受？

一天晚上，你在回家路上遇到了一个乞丐，他衣衫褴褛，浑身散发着臭气，正在吃从垃圾箱里捡来的半个汉堡。你看到后，很为乞丐的命运担忧，于是走上前，关切地对他说："你应该去努力奋斗，摆脱这样悲惨的生活。"

你觉得，这句话对乞丐来说会有多大作用？他会热泪盈眶地感激你，认为你简直是难得的知音？还是会痛下决心，第二天就去学习一门技能，以求改变命运？我们都知道，以上情况都不会发生，因为在此情此景下，这样的建议，属于"积极的废话"。

什么是"积极的废话"？就是这些话指出的方向都是积极的，听起来，内容也确实是在为对方着想，希望对方可以从悲伤、沮丧或愤怒中解脱出来，但是，这些话的表达方式却是生硬、刻板、教条的，因此，纵然积极，也起不到任何安慰和鼓励的作用，甚至会起到反作用。

我们在沟通中，也经常会说出"积极的废话"，并且毫不自知。比如劝慰失恋的朋友"不要难过"，告诉受挫的孩子"以后不要犯这种错"，在说出那些话的时候，我们并不会认为自己的表达有任何问题，如果别人不愿领受我们的好心，我们可能还会气恼，认为是对方太顽固、不知好歹。然而，一个经常被我们忽略的事实是——沟通中我们所说的每一句话，提出的每一个建议，都不是原封不动地从我们脑中转移到了对方的脑中，而是会经过对方自身的再加工。他们在此之前一直秉承的观点、拥有的经历以及沟通时的情绪，再加上我们所表达的方式、沟通所处的环境等因素，都会让建议再次发酵。如果我们在沟通中只是按照自己的意愿去给出建议，却忽略了其他因素，结果很可能不会如愿。

下面，让我们看一个故事，想一想如果你面对着故事中的女人，会给出怎样的建议，又会用什么样的方式表达？

一个女孩在她6岁那年，就遭到了父亲的性侵，而且，这样的噩梦一直持续到了17岁。每个星期，她都会被侵害好几次，而每一次，她都像浸泡在恐惧的深潭中，浑身无法动弹。因为这些遭遇，女孩从小就认为自己不配被人尊重，她觉得自己肮脏、低贱、放荡，她为自己感到羞耻。

17岁时，她一心求学，想以此摆脱往日的噩梦，可是，即使拿到了硕士学位，学业也并没能给她带来救赎，她依然自卑。

另一方面，从进入大学后，她有了很多追求者，她由此发现自己对于异性总是难以拒绝，这让她更加认定了自己之前的判断："我是个糟糕的人。"在这种心理下，她选择破罐破摔，放弃了攻读博士的计划，开始和不同男人同居，并最终过上了以男人维生的日子，对此她自嘲道："除了靠男人，我一点用都没有。"

而更让她备受折磨的，则是性。每一次男女欢爱，对她而言都是一场酷刑，她丝毫不享受其中，反而和6岁时遭到侵犯时一样恐惧无措。男人身体上膨胀的器官令她胆寒，只有事后，她才会有种度过一劫般的轻松。

假设这位女性此刻就坐在你的对面，满心期待地向你求助，你会给出怎样的建议？显而易见的，我们都知道她的生活模式是病态的，她受过高等教育，不该靠男人维生，她年轻美丽，也不该看低自己，但是，倘若我们直白地将这些建议说出来，便等于给出了"积极的废话"。

她当然知道依靠男人生活并非长久之计，不然不会觉得自己"一点用都没有"。这种情况下，如果我们也表达出这样的意愿，并不会让她感到安慰，反而会造成一种压力。等于逼迫她必须迅速摆脱男人，以最快速度承担起生活的责任，同时还要接受道德上的谴责。这种信息上的再次发酵，会让她选择拒绝别人的建议。当然，我们也不能说出与之相反的话，那对她的未来没有任何好处。而且，无论是哪一种具体的建议，都难以解决她在性上的痛苦。

这位女性，后来找到了艾瑞克森求助，艾瑞克森听完了她的故事，给出了这样的回答："这确实是个悲哀的故事——而其中最悲哀的部分就是，你太蠢了！你告诉我，你害怕粗壮、膨胀、坚挺的阴茎——这真的太蠢了！你虽然拥有阴道，但我对这里却比你更了解，阴道可以容纳最粗壮、最坚挺的阴茎，并能让它变成软塌低垂、软弱无力的可怜样。"

女人吃惊地看着艾瑞克森，而这位心理学大师则继续补充道："而且，阴道不仅可以让你把男人变成软塌塌的可怜虫，还能让你同时享受邪恶的愉悦。"

这是一番惊世骇俗的回答，至今仍然被心理学专业人士不断讨论。他并没有对于这位女性糟糕的生活模式做出任何建议,没有任何鞭策、鼓励和提醒,反而针对她在性上的恐惧发表出大胆见解,让她改变对性器官的看法,享受"邪恶的愉悦"。很多人无法想象,这样的建议能起到什么好作用,有些人甚至会认为艾瑞克森是个浅薄粗鄙的家伙:"他竟然劝这女人和男人寻欢作乐,真是疯了!"

然而,这场谈话后的一个月,女人又来见艾瑞克森,她告诉他:"我在床上开始享受到让男人缴枪投降的邪恶快感了。我发现对方很快就会变得绵软无力,我很享受这过程,我简直乐在其中!现在,我准备继续去读博士,以后做心理咨询方面的工作。还有,我打算耐心等待,直到遇见真正倾心的男人再献上自己。"

是的,女人确实发生了巨大的改变,她不仅不再害怕性,而且对于自己的未来——无论是学业、职业还是感情,也都有了全新的打算。

让我们回顾艾瑞克森给出的建议:他建议女人重新审视男人和女人的性器官,享受性爱,享受"邪恶的愉悦"。其中没有半句对于女人未来人生的鼓励,为什么这个听起来毫不积极,甚至称得上粗俗的建议,却起到了如此好的效果?这就关系到了逆转式沟通的第三步——展示另外的可能。

第四章 逆转第三步——展示另外的可能

让我们重温一下逆转式沟通的前两步：1.理解对方的立场；2.加入对方的行列。第一步，让我们卸下自我防御，得以走进对方；第二步，让对方卸下自我防御，得以信任我们；而第三步，则走到了逆转式沟通的重要拐点——在这一步中，沟通双方从迷局中寻找到正确的路径，并一同站在了路口。

如果从另一个角度解析这一步的意义，我们能获得一个更加直观的感受。之前我们一直在强调，逆转式沟通是一种"V"形沟通，逆转式沟通的第一步"理解对方的立场"画出了"V"的左半部，第二步"加入对方的行列"是让双方的力量开始汇聚，实现共振，那么第三步"展示另外的可能"则确定了未来逆转的方向，为后面"V"右半部的上扬提供条件。

可以说，"展示另外的可能"并非是逆转式沟通的最终步骤，但却决定着沟通是否真能带来逆转。

在艾瑞克森的上面案例中，他是如何用一番听来和未来毫无关系的话，让女患者选择了正确道路的呢？

首先，艾瑞克森看穿了女人的症结所在，她对于性的恐惧，本质上缘于对自身命运的恐惧。从6岁起，当她第一次被父亲侵犯时，她就被自卑控制住了，她不相信自己拥有享受人生的资格，也不相信自己具备改变命运的能力。此后，无论是性爱还是生活本身,她都以受害者的角色,被动承受着一切。

接下来,艾瑞克森为她展示出了另一种可能——为何不换个角度看待性爱?与其把这视为女性对男性的被动承受,不如看成是女性对男性的主动征服。艾瑞克森鼓励她用阴道征服男人膨胀的器官,并且详细描绘了男人被征服后的无力感,看起来,他是在讨论性爱,实际上,是在鼓励她重获掌控事物的能力。当她开始在性爱中占据主导地位后,也唤醒了主导其他方面的欲望。

这个案例之所以经典,原因在于:

1. 艾瑞克森避开了"积极的废话",不触及最容易引发对方反感的话题,转而从对方最能接受的、也最容易改变的层面给出方案;

2. 艾瑞克森洞察到了对方性恐惧背后的真实动因,是对于命运无法掌控的恐惧;

3. 瑞克森深知性所具有的洪荒之力,一个人如果性观念开始觉醒,很容易影响到其他方面;

4. 根据她的既往经历,艾瑞克森察觉到她对于男人的矛盾心理——既依附,又仇恨,于是用了"邪恶的愉悦"这样的说法，让对方感觉这是自己对男性的一种报复；

5.展示出性的另一种可能，以暗示的方式输入正向信息，引发对方的尝试，由此，让对方实现了主动成长。

如果研究艾瑞克森的其他案例，就会发现这样巧妙的展示几乎贯穿了他所有的心理治疗生涯。比如，在面对尿床的孩子时，他讨论运动，展示出身体肌肉的另一种可能；在面对准备自杀的女护士时，他讨论美好的植物和动物，展示出生命在世间的另一种可能；在面对虽然热爱音乐却拒绝成为钢琴家的年轻人时，他讨论可供弹奏的乐器，展示出寄托音乐梦想的另一种可能。研究这些案例后，我们发现，逆转式沟通中，最能激发对方灵魂震荡的，就是这样实际可行而又让人眼前一亮的展示。

我们如果希望用沟通实现逆转，不需要生硬的灌输，不需要拽着对方的胳膊，将他们拉上那条正确的路。我们只需要站在路口，展示出那条路上的景色，展示出那些他们正缺少的且内心急切需要，但却还没有明确意识到的东西，艾瑞克森将之总结为："改变的力量就藏在对方的内在，你所要做的，只是如何唤醒那力量。"

暗示的力量

在逆转式沟通的第三步,"展示"并不是一次临时起意的对话,而是经过一系列精密分析,之后根据对方的具体情况,所制定出来的心理暗示。

我们的生活处处离不开暗示。比如,父母在为孩子起名字时,会寻找那些寓意美好的字眼,这不仅赋予了父母的祝福,也潜藏着心理学原理。当孩子自己念出自己的名字时,能够获得某种激励和鼓舞;而当别人看到名字后,会营造出某种预设,还未谋面,便已经产生了某种正向的幻想。

暗示能产生积极的影响,同样也能产生消极的。苏珊·桑塔格在她的《疾病的隐喻》中就阐述了一个观点:疾病引发的负面联想给人们带来的恐惧,远大于疾病本身。语言同样能造成强烈的消极暗示,尤其在沟通中,我们所说出的每一个词句,都会在对方心中激荡起波澜。《非暴力沟通》的作者马歇尔·卢森堡就曾叮嘱那些跟他学习沟通术的人：在一个极端气愤的人面前，尽量不要使用"不过""可是""但是"之类的词语。从心理学角度说，这些词所具有的转折性，会在一个情绪激动的人心中造成强烈的消极暗示，让他感到事情正在朝着不好的方向急转直下，而对方则是在找借口敷衍自己。

生物学家巴甫洛夫凭借条件反射的实验为世人所知，他就曾表示："暗示是人类最简单、最典型的条件反射。"在逆转式沟通中，暗示同样发挥着巨大作用，我们需要借助暗示，来让对方从另一个全新视角审视问题，心甘情愿地接受那些正向的信息，并主动付诸行动。

想要将暗示作用发挥到极致，产生逆转的效果，需要我们在沟通中掌握以下几个技巧：

1. 学会讲故事

这里所说的讲故事，并非是编出跌宕起伏的情节，或是在讲述时声情并茂，我们需要的故事，是能结合沟通对象的情况，用故事触发其痛点，引发对方的自由联想。这种自由联想不仅是知性方面的，还有生理反应、情绪、知觉以及想象层面的自由联想。

有一位女士长期性冷淡,在她看来,性生活不过是例行公事,没什么乐趣。她的心理医生听后,向她解说了男孩是如何学会辨识阴茎不同反应的——松弛疲软、四分之一勃起、半勃起,以及充分勃起等不同状态。不仅如此,他还讲述了男孩梦遗的过程,以及男性在高潮的刹那,阴茎的感觉又是怎样的。

这听起来很是奇怪,咨询者明明是位女士,心理医生却从男性角度讲述了对于性的各种感受。但正是这些属于男性的秘密体验,深深地吸引了她,她像是误闯入神奇仙境的爱丽丝,屏住呼吸,双目炯炯有神,用心地听着那些表述。

接下来,心理医生告诉她:"每个男孩所承继的基因,一半来自女性。因此,凡是男孩可以做到的事,女孩也同样可以。"这时,这位女性忽然变得异常沉静,整张脸颊泛起红晕。

她告诉她的医生:"你知道吗,就在刚才,我体验到了这辈子第一次的性高潮。"

这位心理医生讲故事的能力,可谓高超。他讲述男性的性感受,不仅是因为他身为男性,这些感受听起来会更加真实可信,而且也故意避开了女性的性感受话题,这样就不会直接牵扯对方的处境,避免了对方的尴尬和排斥。但是,他却用一句

"每个男孩所承继的基因,一半来自女性",暗示对方:这些感受,同样也可以属于她。这一下子刺激到了对方对于自身的联想——从知性层面,到生理反应。

心理学家史德奈·罗森曾说:"患者往往会选择与自身情境相呼应的片段有所回应,这些片段不见得是我认为他们会选择的部分,但无论如何,其间所透露的信息深具治疗价值。"如果将这样的情景放到我们的生活中,我们便可以用讲故事的方法,让沟通对象先是认同故事中的观点,进而与自身状况产生联想,最终,发现自己原来也具备着这样的可能。

2．利用生理反应

上面这个故事,不仅是一个在知性联想方面的绝佳例子,也为我们提供了如何调动对方的生理机能,让逆转式沟通的效果达到更佳。

许多生理方面的反应都与心理意象关系密切。例如,当我们想到令人发窘的情境时,总会不由自主地面红耳赤;又或者,当我们性幻想时,性器官往往有所反应。

艾瑞克森在为患者治疗时,常会用故事试探对方的反应,如果患者在故事的某个段落突然全身紧绷，足以证明有些重要问题被触及了。这时，艾瑞克森会马上搬出另一个与之前故事相关的新故事，或将原有故事的情节加以放大、展开，进行更加详细且生动的描述，用这些制造出新的刺激，激发出患者给出进一步的生理反应，然后根据这些新的反应，判断患者潜意识里的渴望究竟是什么，并由此决定接下来应该对患者实施怎样的治疗。

生理反应会为我们揭示出语言无法透露或不愿透露的真相。曾经，艾瑞克森在康奈尔大学与一位学者打赌，说能找出对方藏在偌大校园内的一枚小小胸针，前提是，对方要答应和他手牵手在校园内行走。

最终，艾瑞克森在一幢大楼的二楼墙上所悬挂的画框中，找到了那枚胸针。他的秘诀很简单："当我牵着对方的手行走时，一旦我靠近胸针所在的地点时，便会感受到他手部轻微的退缩。当我靠近特定阶梯时，我立即感到对方手部的反应，于是我选择上楼。走到楼梯尽头时，当我转向某一边时，发现对方双手突然放松，而当我转向另一边时，它们又开始显得紧绷，于是我以转圈的方式不断测试方向，最终到达了目的地。"

在逆转式沟通中，生理机能同样可以作为我们判断对方内心活动的重要工具。我们可以观察对方的呼吸、眼神、表情、身体姿态以及皮肤变化（脸色煞白、害羞脸红等），来判断我们提出的建议是否触动了对方的内心，是让他们感到喜悦激动，还是引发了他们的反感；同时，也可以用语言调动起他们的生理反应，加深暗示的效果。

3. 在暗示中注入正向信息

从本书的一开头，我们就提出，逆转式沟通的目的，是让对方实现正向改变，由此达成自我的成长。因此，在我们暗示对方的时候，在暗示中注入正向信息，便是不能缺少的环节。也只有正向信息，才能让 V 的右半部呈现出上扬轨迹，让逆转得以完成。

如何才能让对方心甘情愿地接受那些正向信息？大致可以分为以下两步：首先，对于对方表达出的一些有趣的情节，不妨给出积极的回应，让对方感到自己被人认可；之后，可以选择某个（或某些）情节开端与对方的故事雷同、但后续却找到了改善之道的故事，自然而然让对方产生"事情可以有另一种选择"的想法。

肯定对方所说，意味着接纳对方，当我们给予肯定的时候，就等于给对方注入了第一个正向信息——**你是对的**（尽管只是局部的）。

展示意味着启发，当我们展示出事情后续的另一种走向时，便给对方注入了第二个正向信息——**你也可以**。就像艾瑞克森在指导他儿媳时说的那样："首先，你仿效患者的世界，随后，你给患者示范世界。"

当这两个正向信息全都成功注入后，还会产生第三个正向信息——**你还可以**。对方受到了启发，于是，除了你所示范出的故事外，他还能自己举一反三，想出更多的、更好的解决途径。这时，逆转式沟通的主动性便得到了最大发挥，沟通对象开始主动寻求改变。一位女孩在婴儿时期不幸患上了脑中风，一直到她12岁的时候，都不知该如何移动双臂。心理医生见到女孩后，发现女孩右边的乳房被压在手臂之下，于是给女孩提出了治疗方案：每天要坐在镜子前三次，想象自己在出演一场有趣的真人秀节目，然后，对着镜子中的自己扮鬼脸。

医生用假装电视节目的方式，将"扮鬼脸"这件事包装得郑重而合理，既让女孩的肌肉得到充分锻炼，又让她拥有了女主角般的成就感。每当她扮一次鬼脸，都会联想到，人们正坐在电视机边，被她的表情逗得哈哈大笑。女孩因此得到了第一个正向信息——我这么做，是正确的。

而当她的脸部肌肉顺畅运作后，她得到了第二个正向信息——我也可以。这里的"我"并不是女孩自己，而是她身体上的其他部位。当一个人开始移动某块肌肉时，肌肉的运作将会不断扩散，随即牵动其他肌肉。由此，这个女孩的手臂逐渐恢复了运作，右边的乳房也脱离了手臂的压制。

而女孩也接收到了第三个正向信息——我还可以。在战胜了自己的身体后，女孩决定挑战更多领域，长大成人后，这位小女孩成了一位成功的执业律师。

正向信息对于逆转式沟通意义非凡，这是我们暗示过程中的灵魂，我们所讲述的一切故事，调动起的一切感官，都是为了让对方更好地接受正向信息，朝着好的方向逆转。15世纪瑞士医生帕拉塞尔苏斯说过："人想象自己将成为何等模样，就果真会变成那般模样；他正是他想象中的人物。"这并不是一句励志的口号，事实上，有研究表明，当一个人认定自己深具价值时，他必定昂首阔步，举止果断又自信，甚至他的骨架结构、肌肉状态与面部表情的发展，也会与那些"想象"或认定自己一文不值的人南辕北辙。

4. 举重若轻，化繁为简

上面这个女孩康复的例子，还给我们展示出了逆转式沟通中暗示的第四个技巧——越是沉重的话题，越要找个轻松的角度下手，越是复杂的问题，越要从最简单的那一面撬动。

心理医生并没有严肃地告诉女孩："再不举起你的胳膊，不仅你的臂膀无法发挥作用，你的胸部也会被压得畸形。"他也没有从心理学的角度去告知女孩："你并不是真的做不到，只不过是你以为自己做不到。"尽管这些全都算得上实话，但是他却避开了一切沉重的话题，也没有用充满压力的表达方式，他用"真人秀节目""鬼脸"这样轻松的话题让女孩毫无思想负担地去改变；同时，他通过观察女孩的身体状况，决定从最简单的面部活动做起，这不仅是因为医生熟悉人体的结构原理，更显示出了逆转式沟通的一个重要思路：从最能产生改变的地方入手。

举重若轻，化繁为简，说起来似乎并不困难，但却是我们在沟通中最容易忽略的一件事。回想一下，我们在与人争论时，是不是常常说出些刻薄的实话？我们在和人讨论一件事时，是不是为了凸显内容的重要，一次次曾试图让话题听起来宏大、沉重、至关重要？我们是否只为了图自己痛快，而将自己心中所想不加甄选，一股脑地说给对方听？我们是不是曾对自己的孩子、伴侣、父母和朋友说出过类似"你别再掩饰了，你根本就是这么想的……"

我们都犯过类似的错误，认为只要自己说出了事实，自己就是正确的。我们坚信"良药苦口""压力会成为动力"，却未曾想过人们对于沉重与困难之事，有着天然的规避本能。在这方面，逆转式沟通与很多沟通模式的思路恰恰相反，逆转式沟通不仅会在暗示中输入正向信息，而且会从以最轻巧、亲切的方式给对方提出建议，让对方从难度最小的方面下手。

小说《教父》中有位医术高超的朱尔斯医生，就特别擅长使用这种技巧，他遇到了因为先天性生理结构而自卑的露西，他笑着告诉对方，她遇到的不过是个小问题，只要一个小手术就可以搞定，由此，露西平生第一次勇敢面对自己生理上的困扰，她接受了手术，也在手术后接受了朱尔斯的爱。朱尔斯和正为失声苦恼的歌星方坦偶遇，从对方说话的声音判断出他的喉咙出了问题，他表情轻松地告诉方坦，只要一个快速的小检查就能帮他查出原因（实际上折腾了足足半天时间），他巧妙地让讳疾忌医的方坦同意检查,打破了对方讳疾忌医的固执,进而,让方坦不再逃避对于"或许会无法唱歌"的恐惧,最终,通过他的治疗,歌星方坦重新一展歌喉。

学会用智慧的方式去暗示,是逆转式沟通中我们所需要掌握的能力。

激活早已具备的改变力

在逆转式沟通中,无论我们想给对方展示出怎样的全新世界,都要清楚一点:我们所展示的,并非是让对方徒手摘星,接触从未涉及过的全新事物,正相反,我们给他们所看的,其实是他们早已具备,但却并不自知的能力。而这一点,在对方给我们进行展示时,作用相同。

换句话说,逆转式沟通不是塑造出全新的人,而是让人们发现自己,并承认自己。就像艾瑞克森对他的患者说过的:"其实你们全都知道答案,但是你们不知道自己知道答案。"

如果你问一个女孩,在众多与她亲近的异性中,哪个是她的心上人，女孩可能会绝口不提。但是如果你让女孩在纸上逐一写出男孩的名字，会发现她在写出某个名字时速度格外慢，下笔也更加用力，那么毋庸置疑，这个名字就是她心中最喜欢的人。只不过，这时女孩很可能并未察觉自己的心意，或者说有所察觉，但不愿承认。

人们通常只对和自己有关的事情产生兴趣，但是很多时候，他们的意识尚且没有发现其中关联，潜意识却已经做出了回应。那些深藏在潜意识中的渴望，就好像火山口下汹涌流动的岩浆，它们在外人看不到的地方，向着山口不断迸发，当我们看到火山喷薄爆发时，要知道那些岩浆并不是从天而降，而是早已存在于火山之中，山只是被唤醒了内在的力量，并没有成为一座全新的山。

逆转式沟通中，我们之所以为对方展示出各种可能性，就是为了能用这些可能刺激对方的潜意识。人们在自己的生命历程中，早已拥有了解决困境的丰富资源，我们或许并不知道自己有所储备，但这些宝贵的资源一旦得以利用，将成为支持沟通达成逆转的能量。

一天，十几岁的女儿一回到家，就向她的父亲宣布："学校中所有的女孩都流行啃指甲，我也得赶时髦才行。"

遇到这种情况，大部分父亲会皱起眉头，用严肃的口气告诫女儿："啃指甲是个坏习惯，你休想这样做。"然而，如果我们深入女孩的潜意识，就会明白，啃指甲并不是她真实的渴望，她所渴望的，是能和同龄的伙伴们同步，获得同伴们的接纳和肯定。

这位女孩的父亲便洞察到了女儿的渴望，他马上点头答允："当然，你一定不能落伍，赶时髦对女孩来说非常重要。"能得到父亲的允许，女儿很高兴。这时，父亲补充道："现在，你已经落后其他女孩很多了。她们早就拥有了十分丰富的啃指甲经验，所以，你得每天花足够长的时间咬指甲，才能超过她们。"这位父亲展示出自己的睿智一面，他不仅允许女儿跟随潮流，还暗示她，她可以做得比别人更好。

女儿觉得这说法新奇极了，于是和父亲约定好，每天设定固定的啃指甲时间，一天啃两次指甲，每次十五分钟，父亲为此还特意给她提供了一只小闹钟。这位父亲运用智慧，将谈话再次提升了一个层次，他让女儿将啃指甲作为一件重要的事情去看待，全身心投入其中，从而让女儿通过亲身体会，自己对于这一习惯做出判断。

没过几天，女儿就不再啃指甲了。一个原因应该在于，她内心与同伴同步的愿望得到了满足；而另一个原因，则是她发现啃指甲是个单调而无趣的活动，花费那么多的时间和精力去做这件事，实在很不值得。

所有这些答案，都是女孩自己得出的，她的父亲没有说过半句反对啃指甲的话，反而鼓励她用尽全力去啃自己的指甲，父亲由此为女儿展示出了事情的另一种可能——很多看似时髦有趣的事情，只不过是表面光鲜，实际上并没那么重要。通过这一次经历，女孩获得了多方面的启示：首先，她不会再对啃指甲趋之若鹜；其次，她很可能不会再盲目追求任何潮流；然后，她会探索获得同龄人肯定的其他方式，这些方式很可能将是积极的，值得她持之以恒付出心血的。

而到了这里，这场沟通将从一个逆转——放弃啃指甲这种坏习惯，上升到另一个逆转——学会追求更高层次的精神满足。这种自发的、连续的、正向的逆转，是逆转式沟通所能达到的理想状态。而所有的这些逆转的能力，都是女孩本身具备的，他的父亲只是将之唤醒。

这便是我们进行逆转式沟通的意义，我们要让对方看到自己身上所具备的可能性，将他们内心的种子浇灌发芽。种子是他们早就拥有的，我们只需给予阳光、空气和水源。

潜意识里的渴望倘若得不到激发，长期处于被压抑的状态，即使这压力不是自己主动施加的，也会带来危害。美国作家威尔·罗杰斯说过这样一句话："替我们招惹麻烦的，并不是我们不知道的事物，而是我们自以为知道的事物。"而艾瑞克森则为这句话加上了后半段："那些我们明明早有认知，却自以为一无所知的事物为患更大。"

一位丈夫长期头疼，经过心理医生的诊断，他的病因来自恶劣的夫妻关系，因为他总是忙于工作，疏于关注妻子的感受，妻子对他渐渐疏远，不再言听计从。他感觉自己在家中失去了之前"头领"的地位，让他有了一种被"斩首"的感觉，这引发了他头部的生理疼痛。医生建议他为修复夫妻感情做些什么，而男人却坚持认为一旦自己去修复关系，便等于承认了自己婚姻上的失败。于是，他宁愿被头疼折磨，也不想正视自己婚姻上的问题。后来，他终于醒悟到自己应该做些什么，而等到他想要挽回妻子的时候，却为时已晚，他不仅失去了家庭，还不得不继续被头疼折磨。

克里希那穆提曾说："唯有了解我们自己本身时，恐惧才能停止。"沟通中，我们常会遇到一些人，他们情愿选择受苦，也不愿得知真相，以为不知道就意味着自己不必对真相负责。

我们要做的，就是给他们展示出他们所具备的另一种可能，让他们愿意承认这样的自己，然后与他们形成沟通的合力，共同改变局面。

杜绝过分"复盘"

如果你曾和朋友们玩过扑克游戏，就会发现，总有那么一两个人，特别喜欢在每一次游戏后分析刚刚的牌局。"兄弟，如果你刚才不出那个 A，咱们就赢了。""我出顺子的时候，你为什么要管我，我们可是一头的。"他们分析得认真而细致，却常让人不胜其烦，有时甚至会因此爆发争吵。原因就是他们在过分"复盘"。

不知道从什么时候起，"复盘"成了很多人的一个习惯，一件事情完成后，无论结果如何，都要将之推倒重来，假设出过去的各种可能。很多人在沟通中也喜欢复盘，他们会就双方既往的问题拿出来不断分析，就像分析一道数学题，希望以此共同探讨出问题的症结。

而在逆转式沟通中,"复盘"思维却是必须避免的一个习惯。逆转式沟通所展示出的可能性,面对的都是未来,一个人过去的经历,以及沟通双方既往的矛盾,只能作为逆转式沟通第一步(理解对方的立场)和第二步(加入对方的行列)所需的背景素材,并不会作为探讨与建议的内容。简单说,逆转式沟通中,我们给予对方的建议,只负责展示未来,不负责总结过去。

为什么逆转式沟通不提倡"复盘"?我们不妨回想一下自己和伴侣吵架时的状态,我们有多少时间是在讨论如何解决分歧,讨论我们未来如何杜绝类似的情况?事实上,我们用了90%的时间、精力与情感去用来翻旧账,我们会争论很久以前某次吵架时对方讲了一句多么无理的话,会因为对方刚刚说话时态度不好而没完没了。我们一直在复盘,全然没有想要解决当下的问题,更不会想到为未来做些什么。这样的沟通,显然不属于逆转式沟通。

停止过分"复盘"有多重要?从下面这两个故事中,我们便能明白其中缘由。

一位高尔夫球手向艾瑞克森抱怨:"平时练习的时候,我经常可以打出七十出头的杆数,可是,每回正式参赛的表现总是不理想，往往只能打出九十多杆的烂成绩。我真是想不通，我为什么会这样。"

艾瑞克森告诉他："比赛中，你只需要记住两件事：一是打好第一洞，二是每一洞都是第一洞。"

后来，这位球手参加了州际锦标赛，当打完十八洞后，他继续朝着另一洞走去时，被工作人员拦住了，球手得知自己已经以优异成绩完成了比赛，满脸都写着不可思议："真的吗？可我才刚打完第一洞而已。"

永远打第一洞，这让球手永远将目光投向未来，每一次击打都是新的开始，全然不会被刚刚的成绩影响。如果说，球手是运用这种思路发挥出了自己的正常水平，那么，下面的例子，便无异于是超水平发挥了。

一位陆军高级射击队的教练慕名而来，希望艾瑞克森可以帮助训练他的队伍在国际比赛中获胜。

艾瑞克森实话实说："我不熟悉射击，我只在十几岁的时候打过两回来复枪，还知道枪口与枪托的分别，这就是我对枪的全部认识了。不过，作为医生，我倒是对人体很熟悉。反正你的队员拥有足够多的枪械知识了，而我刚好拥有足够的医学知识，不如咱们试试。"

军队司令官得知教练请来了艾瑞克森，大发雷霆，他认定平民没有资格训练军队的射击队，为了为难艾瑞克森，他还特意派来了两名军人，这两个人之前苦练了两年之久，却仍然达不到入选射击队的水准。

艾瑞克森并不知道入选射击队的具体标准，但是他发现，很多国际射击比赛中，参赛选手都必须连续射击四十次之多。于是，他告诉所有参训者："我知道，以你们的水平，第一枪命中靶心并不难。问题是，你可以重复命中两次吗？在十次连续命中靶心后，你可以命中第十一次吗？当你命中十九次靶心后，你会命中第二十次吗？第三十九次呢？可不可能连续命中四十次？"

可以看出，他用暗示的方法，让运动员们保持"每一枪都是第一枪"的心理状态，接着，他继续用暗示调试他们的身体状态，艾瑞克森告诉队员们："现在，设法让脚跟舒适地接触地面，然后确定脚踝、小腿、膝盖、臀部、关节、躯干与左手臂的位置，让全身感到轻松舒适。接下来，你的手指扣上扳机，来复枪的枪托抵在肩膀上。下面，你就可以开始上下移动来复枪的准星了，来回瞄准目标，当你找到恰当时机的刹那，请立即扣下扳机。"

艾瑞克森并不懂得射击技巧，但他知道队员们懂得，于是他调整队员们的身心，让他们时刻保持第一枪时的精神饱满与信心十足。经过艾瑞克森的训练，射击队在国际比赛中果真夺冠了，而更有意思的是，那两位被司令硬塞来的军人，也成功代表了射击队参赛。

艾瑞克森认为："如果把焦点集中在改变未来，而不为过往历史伤神，三分之二的问题必将迎刃而解。"逆转式沟通的第三步"展示另外的可能"中，我们尤其需要这样的习惯。逆转式沟通的 V 形轨迹中，V 的右半部之所以能呈现出上扬的形态，就是因为其瞄准的是未来，不受既往思维的拖累。因此，沟通中不要告诉对方他们过去哪里做得不好，不要讨论矛盾的渊源因何而来，不要对对方说出诸如"你那件事当初要是这么做，会如何如何"的话，哪怕你的想法很有道理，也不要说出口。反刍过去会带来强烈的"追责"意味，只能让双方更加争论不休。

不仅如此，如果发现对方纠结于往事，我们还要把他们及时拉出来，让他们将视线放在当下，探寻未来可能做出的改变。如果此刻你们正在为一个方案挠头，那就尝试说出修改意见；如果你和情侣吵架了，那就说说自己希望他以后可以怎表达；如果你想要孩子别再贪玩，那就描绘学会一项新本领后会给他带来怎样的好处。

没有人能回到过去重新开始，当一个人既往不咎的时候，才有能力改变未来，而未来，是逆转唯一的阵地。

出其不意的展示

在我们与人接触的这数十年中，你会对什么样的表达印象深刻？

那些逻辑严密、措辞严谨的分析？那些优美抒情的感想？还是那些像过山车一样紧张刺激的描述？

无论人们如何表达，但凡是能带来深刻影响的事，一定是那些激发起我们情感支持的。这情感有可能是喜悦的，也有可能是悲伤或愤怒的，但毋庸置疑的是，它们都是足够强烈的，是我们惯性思维之外的。

逆转式沟通的第三步中，我们需要给对方进行展示，展示出他们所能拥有的其他可能。但是，怎么展示才能勾起对方足够的情感支持，让他们有充分的动力去施展这些可能呢？

有位心理医生曾经遇到这样一个案例，一位病人去找他咨询，但无论他如何引导话题，对方却像是没听到一样，只自顾自地说着自己想说的话，滔滔不绝。忽然，医生话锋一转，说道："我也不喜欢吃肝。"对方愣住了，并且马上停下了自己的陈述。借着这一次打岔，在后续的咨询中，医生终于得以谈及正题。

还有一位学生，他的教授非常严厉，总会斥责学生。后来他想出了一个对策，只要教授要开口骂他，比如说出"艾迪森，我很不喜欢……"时，学生就马上接话："我也不喜欢下雨。"教授会诧异地看着他，转而去和学生谈论其他事，即便再开口教育学生，口气也会温和得多。学生的打岔，从某种程度上消解了沟通中的紧张局面。

举出这两个例子，并不是鼓励我们在沟通时打断对方的话，而是让我们看到，当沟通时，采取意料之外的表达方式，有时候能起到奇袭的效果，反而让沟通更加顺畅。

逆转式沟通中，我们在表述时，大可以采用各种出人意料的方法，以便让我们想要展示的内容能更加顺畅地被对方接受。而这种表达方式带来的益处，往往是双方面的，对方不仅乐意改变自己，而且也会更好地接纳我们。

有位年轻的女教师，在她签下学校聘书的时候，发现全体校委会董事都表情严肃，直到她写完自己的名字，他们才明显松了一口气。女教师感到很奇怪，但很快，她就明白了他们为何会那么紧张，因为学校分配给她的班级，是出了名的问题班级，每个学生都拥有一长串被逮捕的犯罪记录，是名副其实的不良少年。

班里最闹腾的学生，更是被警方至少逮捕过30次，其中甚至有两回是因为出手殴打警察。这个男孩身高将近190厘米，身体健壮，在上个学期，他问了前任班主任一个问题："如果我甩你一巴掌，你会怎么样？"显然，那位老师的回答是错误的，因为他一巴掌把她打进了医院。

新任女教师只有158厘米，体重不足50千克，如果也被打上一下，结果可想而知。

一天，女教师在上班途中遇到了这个男生，对方明显不怀好意，他拦在她面前问："如果我甩你一巴掌，你会怎么样？"男生原本以为，女教师会像之前的老师一样唯唯诺诺，甚至被吓哭也说不定。

这时，女教师一个箭步冲到了他面前，突然大吼一声："上天作证，如果你胆敢对一位老师这么无理，我会宰了你！所以，你赶快回到教室去！"

男生完全惊呆了，他大概从未想过对方会这么强硬，他像是梦游一样回到教室，然后坐下。而从那以后，他不仅再也没有给女教师捣过乱，在她管教其他学生时，他还会主动帮忙。女教师用出其不意的方式，为男生展示出了一个观点：作为学生，他理应对老师表示尊敬。而男生被对方的气势和胆量震撼到了，不知不觉就接受了这个观点。

我们为何要挖掘出其不意的表达方式？因为在沟通中，对于我们可能说出的话、做出的事，对方是会有所预判的，一旦我们说出的话和他们想象的一样，即便我们说得再正确，也会被认为是毫无意义的陈词滥调，他们会失望，会轻视，会避之唯恐不及。所以，我们要尽量跳出对方的预期，用各种展示方式，破解对方僵化的心智系统，给他们带来情感上的强烈支持。

然而，怎么才能做到出其不意呢？想要出其不意，其实不需要过分刻意经营，也不用以复杂的方式来呈现，有时候，简单的方式反而能发挥出更好的功效。有心理医生在和病人谈话时，一旦发现对方出现阻抗，便会突然拉开抽屉，拿出一个颜色鲜艳的脚踏车喇叭，摁出"嘟、嘟、嘟"的声音，再笑着告诉对方："看，我们永远都要保持童心。"这种看起来十分孩子气的举动，却能有效地调节气氛，让病人刚刚暗中抵抗的劲头消散得一干二净，反而会像个孩子似的开始思考。

第五章

逆转第四步——
主动寻求正向改变

不要单单满足于听别人的故事，
不要单单满足于知道，
发生在别人身上的事情。
展开你自己的神话，
让每个人都明白这句话的意义：
我们，打开了你。

——鲁米

我们对于改变的恐惧

一位妈妈说,她的女儿最近经常为一件事大发脾气——睡午觉。

节假日的时候,小女孩在吃完午饭后,总会睡上一会儿,几乎每一次都是玩着玩着就睡着了。但是如果在她醒来后,你告诉她:"刚刚你睡着了。"她就会十分生气,大嚷着:"我一秒钟都没睡。"甚至为此大哭大闹。

这位妈妈很不理解,女儿为什么会如此排斥自己睡午觉的事实。后来她才知道,在女儿的心中,睡午觉是属于学龄前"小宝宝"的习惯,而她已经7岁了,所以,认为睡午觉等于"退步",她无法接受自己的退步,也就拒绝承认自己会睡午觉。

仅仅是这样小小的一个改变,也会引发如此强烈的抗拒,改变所引发的恐惧,往往并不是源于实际上的变化,而是来自内心对于改变的诸多联想。一旦这联想勾起了内心的某种忌惮，便会让进程停滞不前。

斯科特·派克的心理学小说《靠窗的床》中，有一位年轻的女护士，她总是陷入同样的轨迹：坠入爱河—讨好对方—被施暴—分手—再和另一个人陷入爱河，不断循环。她定期会看心理医生，但是进程非常缓慢，对于心理医生给出的建议，她并不接受，因为那意味着她必须做出改变，而她还没做好准备。心理学上对于这样的现象，有一个词叫作"阻抗"。

弗洛伊德将阻抗定义为：求助者在自由联想的过程中，压抑住了那些使人产生焦虑的记忆与认识，个体为了增强自我防御，于是出现了阻抗。而另一位心理学家罗杰斯则认为，阻抗之所以产生，是为了不使个体的自我认识与自尊受到威胁。无论是为了自我防御，还是为了维护自尊，可以肯定的是，当人们感到不安时，就会很容易出现阻抗。

逆转式沟通离不开自由联想，因此，在联想的过程中，也难免会产生恐惧的念头，形成阻抗。即便我们完美地完成了逆转式沟通的前三步——理解对方的立场、加入对方的行列，以及展示出其他可能，逆转式沟通却依然差着最后的临门一脚。我们需要帮助对方克服阻抗，只有这样，才会实现**逆转式沟通**

的第四步——主动寻求正向改变，让"V"字顺利画出上扬的右半部，到此，一次逆转式沟通才算是全部完成。

我们应该如何看待逆转式沟通中的阻抗？为什么明明是正确的事，却依然让人有所顾虑？面对正向改变时，人们为什么还是会不安？让我们在下面这个赫伯特的案例中，看看在逆转式沟通中阻抗如何无所不在，我们又该如何寻求破局。

在罗得岛州立医院里，有一名叫赫伯特的病人。

赫伯特住院之前，是个专门做体力活的工人，体重达到了109千克，可是后来，他突然患上了严重的忧郁症，体重直线下降，在来到罗得岛州立医院后，甚至掉到了40千克以下，生命岌岌可危。护士们不得不每天用导管给他喂食营养品，体重却仍始终不见增加。

当一位心理医生被派来治疗他时，赫伯特给予了同样的抗拒："你是不是也准备和其他人一样，用某种手段，让导管内的营养品突然消失？别假装给我注射食物了，你们从一开始就想饿死我，我根本就是个没有胃的人。"

医生回答道："我认为你有胃。我跟你打个赌，下星期一早晨，你会亲自向我证明你有一个胃。"

赫伯特被激怒了："你真是个疯子，没错，你最应该待在这所疯人院里，这里很适合你！"

在下个周一的早晨，医生在为赫伯特喂食时，故意挤了许多空气到他胃里。片刻之后，赫伯特打了一个大大的饱嗝："好臭的鱼腥味。"

医生笑了："你可是你亲口说的，你打了嗝，这就足够证明你有胃。"事实面前，赫伯特不得不承认自己确实有胃，当然，他承认得不情不愿，发了好一通脾气。

除了饮食问题之外，赫伯特还一直站着睡觉。每次护士们劝他上床睡觉，他都会无比愤怒地抵抗，护士们都很怕他。医生找到赫伯特："我再跟你打个赌，你会向我证明，你可以躺着入睡。"

赫伯特自然不信，医生将赫伯特带到水疗室，让他躺在水流不断循环的浴缸中，只将头露在浴缸外，然后用温水不断冲刷他的身体。赫伯特渐渐睡着了，第二天早上，医生叫醒了他："看，你其实可以躺着睡觉。"

后来，医生用类似的方式，让赫伯特一步步实现了自己主动进食、主动吃固体食物，每一步改变都出现了强烈的抗阻，每一次他们打赌时，赫伯特都会大骂医生是疯子，发誓自己这次绝不会再上当，而医生却总能想办法调动起赫伯特潜意识里的渴望，让他发现自己可以做到。

医生最后帮赫伯特做到的，是恢复玩牌的爱好。在入院前，赫伯特十分痴迷玩牌，但是入院后，连碰都没有碰过。医生采取的方式很有意思，一天，他让两位身强力壮的护理人员带着赫伯特走向一张牌桌，桌边正坐着四个有严重精神障碍的病人，其中有人玩扑克，有人玩桥牌，还有人玩的是某种叫作"皮那克"的纸牌游戏。戏剧性的是，他们四个人玩的种类毫不相干，却一起玩得不亦乐乎，一个人念念有词："我要那张，这样就能凑成一对了。"旁边的人却在嚷嚷："我出王。"另一个人则大声宣布："太棒了，我有三十点了。"他们牛头不对马嘴地玩个不停。

赫伯特被迫站在那儿，夹在两位健壮的护理人员中间，观赏这一出荒诞剧。而当天晚上医生巡视病房时，看见赫伯特已经坐在牌桌旁，开始玩牌了。他抬头看见医生，说道："你又赢了。"

医生却回答："不，是你赢了。"

几个月之后，赫伯特康复出院，体重逐渐增加到了82千克，每天勤恳地工作养活自己。

让我们来分析一下赫伯特的治愈经过。当他进入医院时，便意味着自己需要精神和身体的修复,医护人员自然是协助他的人。即便如此,赫伯特却对这些协助者分外抗拒,对于心理医生给出的每一个提议,也都如临大敌。原因在于:

1. 他不认为自己有能力改变

看到正向选项是一回事,相信自己有能力做到,则是另一回事。赫伯特不相信自己具有改变的能力,因此他才会说自己"没有胃",而不是说"我不想吃",因为一个没有胃的人,是不可能有能力吸收营养的。

2. 他与沟通对象没有形成信任

心理医生第一次为他喂食时,他所说的是"你是不是也准备和其他人一样……你们从一开始就想饿死我";当医生说他有胃时,他大骂对方是疯子,医院是疯人院;护士劝他上床睡觉,他会发怒。可以看出,他不相信那些给予他正向信息的人,在思维上,他认为对方是加害者,而自己是受害者。

这两种思维,让他对于治疗充满了不好的联想,于是,形成了阻抗。而心理医生是如何破解阻抗的呢？他做了以下三件事：

1. 和对方站在一起

心理医生卸去了医生固有的权威感，他提出和赫伯特打赌，这样一来，双方就不再是医生与患者的关系，而形成了一种相对平等的局面。这本该属于逆转式沟通的第二步，但是很显然，之前的医生和护士并没能做得很好，而心理医生及时进行了弥补。

2. 让对方自己证明自己

请注意心理医生每一次打赌时的措辞"你会亲自向我证明""你有……"，他没有说"我认为你有""我认为你是"，虽然他实际上一直在激发赫伯特，但是却在沟通中刻意淡化了自己的存在，他通过语言暗示赫伯特，让赫伯特逐渐相信自己本身具备改变的条件。

而当心理医生第一次打赌成功后，他便有了第一个成功案例。这一次打赌很重要，因为这是赫伯特自己的案例，所以对赫伯特最具说服力，这也成了赫伯特后续一系列改变的模板——你既然有胃，那也能躺着睡觉，而且还能做到更多。

3. 让正向改变成为习惯

最后一次打赌，心理医生选择了玩牌，这和前几次都不同，如果说之前逐步唤醒的是赫伯特的生理机能，那么这一次唤醒的，则是精神层面的社交需求。医生知道，真正逆转一个人，只让其正常吃饭睡觉是不够的，只有精神上恢复了与人互动的欲望与能力，并能在互动中保持正常的人际规则，赫伯特才可能真的回归正常生活。因此，医生故意让赫伯特旁观一场荒唐的牌局，这让赫伯特发现自己不仅很想玩牌（想要玩牌，意味着社交能力的修复），而且，对于不合常规的事情忍无可忍——尽管那是他之前经常做的。这时，这种主动改变的欲望，让赫伯特终于突破了最后一层阻抗，他踏上了逆转式沟通的最后一步。

也正因此，当赫伯特对医生说出"你赢了"的时候，医生才会回答出那句："不，是你赢了。"

对于赫伯特的治疗，心理医生是这样总结的："我为他所做的，只不过是矫正他的症状而已。我设法将他引进某种情境，促使他自动修正个人的问题。"

赫伯特的故事启示了我们，在逆转式沟通中，当我们走到了沟通的最后关头，也还是会遇到阻抗。一旦出现阻抗，我们要做到以下三点：

1. 找出阻抗的原因

我们要弄清楚对方为何出现阻抗，他们是在怀疑什么？恐惧什么？他们心中对于即将到来的改变有着怎样的担忧？

2. 营造出利于解除阻抗的环境

针对对方出现阻抗的原因，我们需要及时采取措施。如果对方是在怀疑我们的目的，我们就要营造出平等、真诚的沟通氛围，让他们感知到，我们是绝对不会欺骗或迫害他们的；如果对方是对自己的能力有所疑虑，我们就要想办法激发他们，让他们先做出一个小小的尝试。总之，对方缺失什么或需要什么，我们就要马上发现并给予，让阻抗逐渐消失。

3.不停激活对方潜意识里的渴望

有必要的话，我们还可以加大刺激的频率，一遍又一遍地给对方做出展示，让对方时刻感知到潜意识涌动的渴望；除了加强频率外，还可以扩大刺激的范围，比如像上面那位心理医生那样，先从饮食习惯、睡眠习惯等外围因素下手，然后深入精神层面，不断刺激出对方新的渴望。当正向选择成为习惯时，人们也就有了足够的动力踏上应该走的路。

激活一场主动的转向

为何我们需要强调，逆转式沟通的最后一步是"主动寻求正向改变"，而非简单的"实现改变"？一棵枯萎的植物想要重新抽枝发芽，其内在的生命力运转机能必然要先被唤醒，只有这样，阳光、空气、肥料和水才能在它体内发挥作用。同样，我们之所以要激发对方主动寻求正向改变，是因为只有改变的动力是由内而外时，改变才可能持久而彻底，人也才会真的实现成长。

只有这样的改变，才称得上"逆转"。而也只有这样的逆转，才能让"V"字的右半部持续上扬，并且不会出现反弹和反复。

一名叫作乔的青年，是臭名昭著的恶霸。他很早就被学校退学，此后到处惹是生非，比如用煤油浸泡猫狗后放火烧了它们；两度企图烧掉自己父亲的谷仓和住宅。因为恶行累累，他被自己的父母送去了一所专门管教不良少年的感化院，一直在那里待到21岁成年。

当他被允许回家时，父母都已经过世，他浑身只有10美元，于是铤而走险，很快就因为持械抢劫和盗窃罪被警察逮捕，而此后，他成了监狱的常客。监狱为了让罪犯实现改造，想出了各种办法，乔被关进过土牢，里面狭窄阴暗，一天只给一次食物，没有任何卫生设备。一般人在土牢待上两天，就足以得精神病或者发疯，乔却在里面待了好几年。

不知道是第几次被释放后，他回到了自己的家乡罗威尔村，继续靠偷窃为生，不与任何人交流。直到一天，他看到了一家农户的女儿伊黛，伊黛那年 23 岁，是个很迷人的女孩，受过不错的教育，人也很勤快。

那是个早上，伊黛在父亲的差遣下进村子办事，她停好四轮马车并拴住马，走下大街。乔站起来，挡住她的去路，上上下下打量了她一遍，伊黛也抬头挺胸地站在那儿，注视着乔。最后，乔终于说："我有没有这个荣幸，邀请你去参加礼拜五晚上的舞会？"

罗威尔村礼拜五晚上总会举办舞会，人人都会来参加。

伊黛说："可以，只要你是个君子的话。"

乔退开到一旁。星期五晚上，当伊黛进入舞会会场时，乔已经在里面等候了，他们共舞了一个晚上。

舞会后的第二天早上，有三家商店的老板发现，自己失窃的商品竟然被还回来了，连之前被偷走的汽艇也物归原处。还有人看见乔往伊黛父亲的农场走去，后来大家听说，乔去求伊黛的父亲雇用他当长工。

不到三个月，每个农夫都希望也能雇用一个像乔这么勤快的长工，他不仅勤勤恳恳地干活，还会在做完自己的工作后，去摔断了腿的邻居家帮忙。人们都喜欢上了乔，他不再是那个大家避之唯恐不及的流氓，而真的成了一个君子。后来，乔和伊黛结了婚。事情到了这里，似乎已经是完美的结局了。但乔身上所发生的这场逆转，却成了新的种子，薪火相传。

当一户人家的小孩想上高中时，几乎所有人都表示反对，人们认为，成为一个好农夫才是他该走的路，只有乔鼓励孩子做想做的事，不仅如此，他还鼓励了许多孩子去求学，去成为自己想成为的人。学校董事会选举会长时，有人开玩笑地把乔的名字写了上去，没想到，人们都把票投给了他。乔在就职演讲上说："我对教育完全外行，只晓得如果你们希望自己的孩子好好长大，守规矩，最好的办法就是把他们送来上学。我会为孩子们聘请最好的老师，为学校买最好的设备。"

后来，乔和伊黛继承了他岳父的农场，他们没有生养孩子，于是乔去了少年感化院——那个曾想改造他、却未能成功的地方，他要来了一份名单，让名单上的人来到农场工作。有些人只做了一天就不干了，有的人撑了几个礼拜，还有的人做了很长一阵子，一直做到他们为重新进入社会做好了准备。乔和伊黛去世后，他们的遗嘱里写明：所有的财产都交给一家银行信托管理，以供感化院的院长用来帮助那些肯改过自新的孩子。

当年那位被乔鼓励上了高中的农家子弟，就是艾瑞克森。

乔早年间所遭遇的一切，目的都是让他改变——从限制自由的感化院，到监狱里肮脏的土牢，所有这些的目的，都是让他重新做人。然而，效果适得其反，这些严酷的措施反而激发起了乔更加旺盛的犯罪欲。一方面，他出于对权威的厌恶与抗拒，用不断的犯罪，作为一种轻蔑的报复；另一方面，他从自己的行为中，体会到了一种别样的成就感："看啊，你们打不倒我，我比你们想象的还要强！"基于这两点原因，外界的每一次制裁，对于乔而言反而成了一种催化，让他更加变本加厉地犯罪。

直到他遇到了伊黛，那个美丽的姑娘用一句话，为他展示出了人生的另一种可能："可以，只要你是个君子的话。"乔于是真的尝试去做了君子，他退到一边，让伊黛通过。而在伊黛赴约后，他更是决心做个彻底的君子，就此，乔真正实现了洗心革面。

很多人会浪漫地认为，乔身上的一切变化，都是爱情的力量。然而如果仔细分析，就会发现，乔身上的变化，源于他在"主动寻求正向改变"。

人们不仅可以决定自己是否逆转，还能决定自己以什么样的方式实现逆转。乔接受过最严苛的改造，那种酷刑般的生存状态，足以让很多人心生畏惧，并为之改变自己。但是这样的改变，是出于意识上的恐惧，而非出于潜意识里的渴望，这不属于主动寻求正向改变，所以根本无法持久。一旦有一天，这些人处在一个"可以为所欲为，但不用付出代价"的情景下，他们会无恶不作，比之前还没有底线。

而乔在遇到伊黛后所发生的改变，则是发自肺腑的。伊黛给了他一起跳舞的机会，和他站在了一起；她说"只要你是个君子的话"，在乔心中形成了强烈的暗示，展示出了他未来的其他可能；她没有爽约，并且与他跳了一个晚上的舞，满足了他的自尊心，甚至于，还满足了他作为男人的虚荣心——比起偷窃和打架，和这么漂亮的姑娘跳舞，更能显示出他的男性魅力，也更能让其他年轻人嫉妒。

如果乔只是为了跳舞而假装绅士，那么他不会出现这样的改变，然而，他潜意识里的渴望被激活了，跳舞只是一个契机，他发现自己是真的想要逆转自己的人生，朝着好的方向转变。当然，阻抗也是存在的，比如他知道自己名声不好，劣迹斑斑，知道自己没有一份体面的工作。相信在他心中，也是有着自卑和担忧的，但是，喷薄而出的渴望让他想办法冲破了阻抗，踏上了通往逆转之路的最后一级台阶。

为了修复名声，他主动还回了偷走的财物；为了自食其力，他去伊黛家做长工；在这场主动的改变中，他还去照顾了需要帮助的人。之前29年中他未能获得的成长，因为这一场逆转而悉数获得。

弗兰西斯·培根说过："不肯尝试新的补救方法的人，必将等来恶魔。"所幸，乔主动补救了自己的人生，他遇到了自己的天使，自己也成了天使。而后他的一系列的举动——对于孩子们的鼓励，对于迷途之人的拯救，都是他获得成长后所形成的习惯。而且，他很清楚怎样的改变是无效的，所以他去了少年感化院，去逆转更多人的人生。如果按照逆转式沟通的轨迹来分析，乔不仅画出了自己"V"的右半部，而且还将这种"V"形沟通用在了更多人身上，帮助更多人也画出了自己"V"字轨迹。

艾瑞克森这样评价："不是别人改变了乔，是他自己决定改变的。治疗师改变不了病人，是病人自己改变了自己。"

在乔的逆转中，伊黛到底充当着什么作用？毫无疑问，她是个重要的沟通者。面对乔的舞会邀请，她并没有拒绝，也没有无条件的答应，而是提出了一个条件："只要你是个君子的话。"因为这句话，乔开始思索自己成为一个君子的可能。

而舞会那晚伊黛所做的一切——赴约,并热情地与乔跳舞,则让乔彻底下定了决心。他发现当自己"做君子"时,人们对他不再避之唯恐不及,连那么漂亮的好姑娘都愿意走近自己,乔的心中势必产生这样的自然联想:"如果我再'君子'一些,我能拥有的或许更多。"

伊黛从未对乔说过任何鼓励的话,也没有对他之前的行为做过任何点评,但是她却巧妙地暗示了乔。在乔提出请求的时候,她也顺势提出自己的要求,并且用自己的实际行动告诉乔,如果他选择成为"君子",他的生活一定能发生些正向变化。由此,让乔自然而然有了改变的渴望。

通过伊黛,我们也可以对逆转式沟通更有信心。虽然我们书中列举了很多心理医生的例子,但这并不意味着,逆转式沟通必须经过专业的训练,或一开口就必须说出铿锵有力的话语。你,我,我们每一个人,都可以成为优秀的沟通者,都可以在任何场景下对任何人进行一场意义深远的沟通。我们需要做的,是发现他们内心的渴望,激发对方的潜意识,然后向他们展示改变的益处。

允许慢速的改变

逆转式沟通中，人们总惊异于改变的迅速。很多改变都发生在一次或几次沟通后，而且改变一旦发生，就会迅速冲破阻抗，一往直前。

然而我们需要注意的是，在逆转式沟通中，即使人们已经开始了主动寻求正向改变，也可能呈现出一种缓慢的改变。这种慢速，并非是因为反复或反弹，而是个必然的过程，有些改变，本身就需要时间作为基础。

有一位 17 岁男孩，聪明懂事，学业成绩也很优异，但是他从会说话以来，就有口吃的毛病。他的父亲很富有，为男孩高价找来了口语治疗师，但是治疗后，男孩的口吃却越来越严重。

一位心理医生接待了男孩，每当男孩对他开口讲话时，嘴里就只能发出一堆咕咕哝哝的噪声，根本听不懂说话的内容。

心理医生发现，男孩是黎巴嫩人，这给了他一个重大的启发，他知道黎巴嫩人非常恪守传统，而且以坚守传统为荣。果然，经过一系列的测试，医生发现男孩口吃的原因就在于家庭和成长环境。男孩从小在美国出生长大，可是他的父母都是正统的黎巴嫩人，他一直生活在两种文化的夹击下，既向往轻松自由的氛围，又不敢丢掉血缘与家庭上的那份责任。黎巴嫩人习惯从右往左阅读，而美国人正相反，从儿时识别文字开始，男孩就感到左右为难，于是，这严重影响了他的语言功能。可以说，他既是在两种文化中犹豫，也是在顺从父母还是听从自我中徘徊，而内心的矛盾由内而外反射到了外部，便形成了语言上的障碍。就像圣雄甘地说过的那样："青年出于对父母的爱和尊重，有时不得不抑制自己的愿望和爱好，放弃自己所选择的，也许有着特殊兴趣和才能的领域，而去屈从父母或保护人的愿望。这种痛苦的选择往往足以压抑他们的热情和对人生的乐趣。"

　　心理医生用逆转式沟通，让压抑已久的男孩得以顺畅地讲话，而这并不是医生的最终目的，他借此告诉男孩："你是个独立的人，可以自己选择想要的生活方式，并自己为这样的生活负责。"医生的办法确实奏效了，报考大学时，男孩果然不再对父母言听计从,他没有按照父亲的意愿去念商业管理,而是选择了其他专业。但是,他并没能实现彻底逆转,因为他还在依赖父母支付给他学费——当然,这也是黎巴嫩人的习惯。直到男孩上了三年大学后,才终于想明白自己应该负担这笔费用,只有这样,他才算是为自己的生活负责。于是他决定休学,先去父亲的店里打工,等攒够大学第四年的学费,再去继续学业。

男孩的逆转从17岁就开始了,但是直到几年后,他的逆转才算完成,他V的右半部也才算画就。比起很多人,这种改变的过程可谓是缓慢的,但这却属于逆转式沟通中的一个正常现象。当我们进行沟通时,我们会发现,有些人能够迅速地来一个急转弯,他们似乎幡然醒悟般,快速呈现出另一种状态,如果描绘出他们的轨迹,那将是一个往返跑般的180°大转弯;而有些人,则在一段时间内没有呈现出明显的改观,此时我们很容易怀疑逆转式沟通已经失败了,然而我们需要考虑到,他们或许是因为还没找到逆转的最佳方式,或许是中途经历了变道的考验,但这并不代表他们没有开始逆转,如果描绘出他们的轨迹,会看到他们正在缓慢地爬坡,以此完成逆转。

主动进行正向选择,会让改变具有魔力,但归根结底,这并不是真的魔法，不会挥一挥手的工夫，就让一个人的生活焕然一新。很多重要的改变都是如此，尤其在自我认同的问题上，一个人"决心成为自己"和"成为了自己"之间，需要一段漫长的时间作为条件。我们不能认为那些迂回的踱步是浪费时间，这其实是最终结果实现前，所必须创造的条件。

在心理学领域，类似的情况也出现在治疗焦虑症的过程中。曾经有患者十分害怕过桥，每次站在桥头，都紧张得几乎窒息。于是，每天心理医生都会带他在桥上练习走路，第一天只走一步，患者虽然害怕，但还是可以接受一步的距离；第二天，改成走两步，患者之前已经接受了一步，所以再加一步，对患者来说也并非难以承受。以此类推，他们始终遵循着"只比前一天多一步"的原则，直到患者可以走过整座桥，这种方式被誉为"脱敏疗法"。

有意思的是，逆转式沟通中，医生们在鼓励幽闭恐惧症患者时，也会让对方进行类似的渐进式改变。医生先是将门完全敞开，然后3厘米为一个单位，缓慢地将门关上，在这个过程中，距离每缩小一点，都会刻意保持一段时间，以让患者适应，如此循序渐进，直到门完全关闭时，患者们已经不再会满身冒汗，或发出惊恐的尖叫。

第五章 逆转第四步——主动寻求正向改变

在这里，我们必须明确一个概念：逆转式沟通中，人们主动寻求正向改变，并不等同于已经实现了正向改变。在进行逆转式沟通时，我们要允许诸如此类的慢速改变。尤其是在面对亲密关系时，更是要牢记这一点。对于我们格外在意的人，我们总是容易分外焦心，希望对方身上的逆转能够来得更快些，一旦没能及时看到变化，我们便会怀疑对方没有改变的决心，或者是为了欺骗大家而故意做出了改变的假象，我们会催促、会责怪、会质疑，由此，新的矛盾产生。

一位小女孩在过完 6 岁生日的第二天，因为做了一些错事，受到了母亲的责备。母亲告诉她："你已经是个可以上学的孩子了，不该再做这样的事。"小女孩委屈地眨眨眼："当个 6 岁的孩子可真难，我才只有一天的经验而已。"同样，对于那些决心逆转的人们而言，他们也没有丰富的经验，他们需要摸索和思考，而我们应该给予他们充分的鼓励，而非像监工一样，时刻严肃地督促着进程。

多些耐心，我们总要为变化留出些时间。

生命自己知道答案

1919年8月的一天,三位医生坐在一个房间里,对一位母亲说:"你儿子活不到明天早晨。"

房间的隔音并不好,声音很快穿透了墙壁,被隔壁躺在床上的少年听了个真真切切。少年正被脊髓灰质炎折磨着,听到医生们的话,他怒火中烧地想:"这是什么狗屁医生,竟然对一位母亲说出这样的话!"

很快,母亲出现在了他面前,神态却很温和平静,仿佛那些话只是幻觉。男孩并没有多问,只是让母亲把屋里的一个衣柜挪开,母亲也没有多说,尽管她并不知道儿子挪动衣柜是为了什么。他们默契地绝口不提,终于,衣柜挪到了一个不再遮挡男孩的视线的位置,他马上喊了停。

男孩要做什么?他希望好好欣赏夕阳,哪怕他真的活不到明天早上,他也要抓紧时间欣赏美景。但这落日景色他只欣赏了一半，他就陷入了昏迷，整整三天三夜。

经过那场劫难后，少年活了下来。但默契的是，他始终没有告诉母亲自己移动柜子的原因，母亲也从未向他提起医生的死亡宣判。

少年后来成了父亲，他的儿子罗勃在7岁那年出了严重车祸。男人赶到医院，望着躺在病床上的儿子，问医生："他伤得怎么样？"医生回答："两条大腿骨都断了，骨盆碎了，头盖骨也裂了，还有脑震荡的现象。他如果能熬过48小时的话，就有可能活下来。"

男人回到家，紧急召开了家庭会议："我们都认识罗勃。我们知道，当罗勃去做某件事时，总能把事情做得非常好。此时此刻，他正待在医院里，我们得等上48小时，才能知道他能否活下去。你们可以流些眼泪，但如果想痛哭流涕，这就是对罗勃的不尊重。你们应该像平常那样分担家务，安心地吃顿晚餐，你们还应该专心写功课，而且准时上床睡觉——不仅准时上床睡觉，更该好好睡一觉。"

有两个孩子掉了几滴眼泪，但大家随即一同吃了一顿丰富的晚餐，还分担了家务，写完作业后，他们全都准时上床睡觉了。

罗勃度过了危险期，男人的妻子有时会跑去医院，奇怪的是，醒来的罗勃并不喜欢妈妈探望，他会翻个身用后背冲着她，或者直接告诉她："回家去！"只要听到这句话，妈妈就会二话不说离开。男人和其他孩子则全都没出现在罗勃面前，所有礼物只托护士转交。男人会去护士站隔窗观察罗勃，却不让对方发现。

足足三个月后，罗勃才全身裹着石膏出院。当他被抬进家里客厅时，他说："我真高兴能有像你们这样的父母，你们不会在医院里打扰我。其他孩子就没我这么幸运了，他们的父母每天下午都会来，一堆人哭个不停，然后晚上再来一次，孩子就只能再哭一遍，周日就更惨了。那些父母根本不让孩子有机会康复。"

故事里的这个男人，便是我们一再提起的艾瑞克森。从这三代人身上，我们看到了一种延续，他们对于生命中的变化，有着一种顺其自然的态度，然而，这随意并非是冷漠，他们是在让生命自己实现修复。

当艾瑞克森还是个实习医生时，曾在病人接见访客一小时之前测量他们的体温、呼吸速率以及脉搏，而等访客离去一小时之后，再度测量他们的脉搏、呼吸状况与血压。事实证明，每当病人见到访客后，他的体温总会上升，呼吸速率都会加快，血压也会激增。由此他发现："病人需要利用精力恢复健康，而非耗损元气让那些身强力壮的亲戚感到心安。"

生命具有自我修复的能力，无论是身体还是精神。也正因此，逆转式沟通中的最后一步，我们让对方自己寻求正向的改变，这是对于生命本质的尊重与运用，是在让对方自己修复自己。同样，如果一个人要想实现逆转，则必须自己调动起内心中的力量才能完成，我们作为与之沟通的人，可以帮助他激活这种能量，却不能在能量运转的过程中横加干涉。

面对医生的死亡宣判，艾瑞克森的母亲必然是伤心欲绝的，可是她控制住了自己的情绪，没有将焦虑传达给艾瑞克森（她并不知道他已经听到了医生的话），她在避免自己影响对方自然的生命功能。

看到病床上的儿子，艾瑞克森也必然是担心的，否则他不会一次次出入护士站观察。但是，他同样没有干扰对方的自我修复。

当然，他们的顺其自然，也是需要承担一定风险的，因为生命既然可以选择自我修复，也就可以选择不修复。不过他们更知道，如果他们不让对方进行这样的主动选择，那么逆转便永远不会到来。

树木生长，是因为这是它的生命机能，但无论它如何生长，都不会变成岩石，这也是源自它的生命机能。同样，我们在进行逆转式沟通时，最重要的任务便是以下两件事：让对方意识到自己该成为什么；让对方知道自己该怎么实现这个目标。至于这两个问题该如何作答，我们只能启发，却不能经由我们给出，最终的答案，需要他们自己领悟。

在艾瑞克森小时候，曾有一匹马流浪到了他家的后院。那匹马身上没有任何的烙印和标牌，艾瑞克森自告奋勇，说能把这匹来路不明的马物归原主。他骑上了马，领着马回到了大路上，并让这匹马自由决定该朝哪个方向前进。整个过程中，只有当马转头在路边不停吃草或愣神发呆的时候，艾瑞克森才会插手干涉。最后，当那匹马终于到达将近十千米之外的庄园时，庄园主人问艾瑞克森："你怎么知道这匹马是从我们这儿跑出去的呢？"

艾瑞克森回答："我并不清楚，但这匹马可明白得很，我所做的，只不过是让它上路而已。"

在逆转式沟通中，我们就相当于故事中的艾瑞克森，只有在马忘记赶路的时候，他才会出手干预；而我们，也只有在对方感到迷茫或出现懈怠的时候，才需要给予提醒，其余时间，请相信生命自己会知道答案。

第六章

不做局外之人，
用沟通将彼此点亮

只有我们睁开眼睛醒过来的时候，
黎明才会到来。

——梭罗

去沟通，消除困扰你的难题

我们为什么要充当沟通者，去开启一端逆转式沟通？

是因为爱？因为关怀？还是因为责任？

到这里，我们已经知道了逆转式沟通的概念和全部步骤，但是，对于进行逆转式沟通的意义，很多人仍会存在一丝疑惑："帮助对方逆转，我自己从中能得到些什么？"

这想法并非是功利的，当我们开启一段沟通时，必然希望也能因此满足自己的某种期待，即使是面对再亲密的人，我们也会抱着同样的想法。我们不能要求人们——包括我们自己抱有完全无私的目的去沟通，也不能仅用"赠人玫瑰，手有余香"这样的措辞作为答赏，这样有违人性。

如此说来，我们为什么要在面对分歧与冲突时，去充当一位沟通者呢？

下面，我们不妨分析一下，我们从一次逆转式沟通中，究竟能获得什么。

逆转式沟通给沟通者带来的第一个益处，是分歧得到了有效解决。

随着逆转式沟通的进行，一个最直观的益处就是，我们之前觉得棘手的问题，由此得到了妥善处理。一位产品经理在学会了逆转式沟通后，十分有感触："之前与同事谈论问题，我们总会吵起来，现在，每次发现有吵架的苗头，我就赶紧运用逆转式沟通，我会主动问对方'你想表达的诉求是不是这样'，或者'我知道这个要求让你的部门有些为难，我们可以一起想想办法，看怎么让事情更接近我们的目标'。神奇的是，我这么说过后，大家真的不再争吵了，而是一起把精力投入到解决问题上，要知道，换到从前，我们只会把文件摔在桌子上，然后互相指责对方不肯配合自己。"很明显，逆转式沟通消除了那些无谓的争吵，人们不会再就本可避免的分歧——比如翻旧账，比如推卸责任，比如彼此埋怨——等与主题无关的事情浪费时间，更不会因此伤害彼此的感情。

我们总说逆转式沟通是一种寻求心灵共振的沟通，然而从实际的效果看，这也是在解决分歧上最为务实的沟通模式，而且不同于很多沟通所带来的"暂时和平"，随着双方画出一道漂亮的"V"形轨迹，逆转式沟通构建出了"我与你"的关系，而分析的改变，让分歧得到了彻底的消解。人们在"V"字拐点处的不断交汇，由此沟通时的目标与心态都发生了变化，彼此不再视对方为对手，不再迫切地想要压倒对方，也不会再追求利益的唯一性。人们会更渴望一场集体的胜利，会寻求一种能让双方都能接受的处理方式，而且，这种方式是能被沟通双方共同感知并长久认同的。

因此，如果我们正处于一场沟通困局，急需快速找到一种更加高效与公允的解决方案，逆转式沟通会成为我们最好的选择。在逆转式沟通中，人们会合力将精力投入到问题的破解上，并且努力达成利益的平衡，对于沟通者而言，这无疑是个理想的局面。

去沟通，搭建出你的"真诚关系"

逆转式沟通给沟通者带来的第二个益处，是良好人际关系的建立。

我们之前说过，逆转式沟通其实是一种关系的重塑，我们了解了对方的苦衷和心声，对方也明白了我们用心与善意，人们从互不相关的"我与他"，成了同频共振的"我与你"，开始合力处理问题。

需要注意的是，这种良好的关系不仅存在于问题存续期间，即使问题解决完毕了，逆转式沟通所带来的关系上的改变依然存在，而这也是逆转式沟通为沟通者带来的又一个好处。

在《不一样的鼓声》中，斯科特对于"我与你"关系有着更加生动的描述——真诚关系。书中他举了发生在自己身上的例子，他在学生阶段，曾经就读过一家精英中学，那里就像是个未来精英的生产车间，不允许个性的存在，老师像是毫无感情的机器人，同学们都严格遵循着丛林法则，各个优秀而高傲。咬牙坚持了两年后，斯科特实在无法忍受，于是顶着父母的压力，转学到了另一所学校。在新学校里，斯科特体会到了一种从未有过的"真诚关系"，无论是同学还是老师，也无论出身如何和成绩高低，大家彼此尊重，没有人会因为自己在某方面的与众不同而受到排挤。

这段经历对于斯科特而言至关重要，他此后的轨迹，其实就是一直在探寻关系对于心理的影响，如果，他没有体会过那样美好的关系,他不会终身奉行"真诚关系",并以此去治愈他的病人。

斯科特在《不一样的鼓声》中写道:"只有当群体中的成员学会了如何坦诚交流,能够突破沉重的面具和表面的伪装抵达彼此的内心深处,信守'一同欢喜,一同悲悼'的承诺,并真正做到'为彼此感到高兴,设身处地为别人着想',这样的群体才可以称为真诚关系。"

而更值得称道的是,"真诚关系"在"一同欢喜,一同悲悼"的同时,却不追求人们思想上的严格统一,"真诚关系"的另一项原则恰好就是"鼓励个性,鼓励个体差异",即使彼此存在差异,也可以将之视为不一样的鼓声而去包容与欣赏,这种兼容性,杜绝了人们因为急于达成一致而沦为"乌合之众"。举个例子来说,"真诚关系"就如同一大碗沙拉,各种食材共同被搅拌在酱汁里,一起翻腾,但是,它们却不会因此变成其他食材,它们依然是自己,散发着自己的独特味道。

可以说,"真诚关系"是对"我与你"关系的更详细解读。通过逆转式沟通,我们便能与对方结为这样的"真诚关系",这是一种融洽舒适的关系,我们不用花费时间与精力去与对方虚与委蛇,也不用小心地分析对方是否对我们存在不良企图,在这种关系中，不仅对方愿意敞开心扉，我们也会由衷地感到安全。

去沟通，为了收获更好的你

逆转式沟通给沟通者带来的第三个益处，是精神上的成长。

作为沟通者，我们常会被视为是个"冷静的付出者"，似乎只有对方才能从逆转中获得可喜的改变，我们并不会因此产生任何变化。然而，逆转式沟通的改变是具有双向性的，沟通者同样可以获得成长。

成长的第一个方面，是能力的锻炼。

我们的共情能力不断提升，会更加知道如何穿透表象，洞察对方潜意识里的渴望；我们会知道如何展示，才能让对方受到触动，并愿意改变；我们还知道在对方犹豫或迟疑时，应该怎样鼓励。所有这些，都是逆转式沟通带给我们的宝贵经验，每经历一次，我们的能力就增强一分，让我们在下一次进行逆转式沟通时，得以更加迅速、深入地体会对方的内心，并启发对方和自己形成合力。

　　需要特别提出的是，逆转式沟通中所调动的共情力，并非一种冲动的、简单的心理反应，而是一种经过深思熟虑后的反馈。亚瑟·乔拉米卡利在《共情力》中这样诠释共情的概念："共情是一个人能够理解另一个人的独特经历，并对此做出反应的能力。"其中的"独特经历"尤为关键。我们不会把自己的感受原样复制到别人身上，不会认为自己对某件事尤其在意，别人便一定也会如此，我们会根据对方的经历与观点——根据这些真实存在的根据，去体会、去提问，让对方自己给出正确答案。这是一种基于事实做出的推测，避免我们误读了对方的想法，《共情力》将之描述为："共情能够将人的情绪调整到一个可控的程度，让人对他人的想法和行为都做出精准的感知。"

　　成长的第二个方面，是视野的拓展。

　　在逆转式沟通中，我们是沟通者，为对方展示出全新的可能，但在激活对方潜意识的同时，我们自身的视野也获得了拓展。保罗·华兹拉韦克在《变化的语言》一书中指出："人不可能不造成影响。"每一次沟通，都将引发各种回应。

有一对新婚夫妻，专程找到了一对远近闻名的恩爱老人，询问婚姻幸福的秘诀，他们先去找了老夫人："请问，当你和丈夫意见不合的时候，你怎么处理？"

老夫人说道："我会毫无顾忌地说出我心中的想法，然后闭嘴。"

他们又跑去问老先生："当你和太太意见不合的时候，你怎么办？"

老先生回答："我会说完我必须说的话，然后闭嘴。"

听到这里，年轻夫妻忍不住问："接下来会发生什么事呢？"

老先生微微一笑："我们当中有一个人会达到目的，事情总是这么解决的。"

老夫妻所采取的方式很简单，但是他们却做到了沟通中十分重要的几点：

1. 说出自己的想法，让对方得以理解自己的立场，选择是否加入自己的行列；

2. 不逼迫对方接受，只给对方展示出审视事物的另一种视角；

3. 最终，总有一方会受到启发，矛盾消解，实现逆转。

在两性学畅销书《男人需要尊重，女人需要爱》中，将男人和女人的语言系统表述为蓝色与粉红色，男女对于同一件事，会各自有着自己视角和习惯，这是与生俱来的本性，却也是两性产生分歧的重要原因。但因为性别的局限性，很多人很难理解到对方的立场。对于因性别造成的阻碍，这对老夫妻索性将自己的观点和盘托出，这样一来，既给了对方了解未知事物的机会，也让自己获得了同样的拓展，能够到对方的地盘看一看。我们无法断言在这一次次沟通中，是哪一方受益更多，事实上，这种沟通的受益者一定是两者皆有。

成长的第三个方面，是对自我未来的启示。

帮助本身的目的在于给予，不是收受。然而我们作为沟通者，同样也会从中受益匪浅，丘吉尔曾说："一个人若能为别人的生命与人道的法则着想，纵使他正在为自己的生命挣扎，并处于极大的压力之下，也不会全无回报的。"这也是逆转式沟通所能带给我们的又一件礼物。

作为沟通者，当我们探究对方的潜意识渴望时，也会问一问自己到底想要些什么；当我们给对方展示出一种可能性时，我们也会反躬自问，自己是否也拥有其他的选项；当我们看到别人因为逆转式沟通而获益时，我们也会展开自我探讨，自己在遇到麻烦时，能不能自发地实现逆转，或者在别人对我们展开逆转式沟通时，我们是否会愿意做出改变。

不仅如此，别人所产生的改变，也将成为生动的故事，给我们带来积极的示范。如果我们的孩子改掉了拖沓的毛病，我们应该也可以及时清洁好厨房的地板；如果我们的同事不再怨天尤人，我们应该也可以承担起更多责任；如果我们的对手出色地完成了某项任务——天啊，还有什么比这更有激励作用的呢？我们肯定也能找到自己的长处。

那些别人身上发生的逆转，也会对我们形成强烈的示范，让我们更好地梳理自己的内心。尤其是，当对方因为逆转而焕然一新后，我们会更加受到启示。马克·吐温曾说："鼓励自己最好的办法，就是鼓励别人。"即使我们不把沟通作为比赛，我们也同样可以从对方的变化中受到鼓舞。佛经中劝导众人要"以全新眼光看待美丽的人或平凡的事物"，逆转式沟通其实深谙此道，逆转式沟通会给双方提供出全新的视野，让我们总能以孩子般新奇的眼光看待周围的一切，好似生平头一回才接触它们一般。

沟通没有完结，改变永恒存在，而也只有这样的不断拓展,才能让我们充分领会世界的奇妙。

鲁米的一首诗,便恰好形容出了逆转式沟通中,沟通者在角色上的转换:

我们是镜子,也是镜中的容颜。
我们品尝此刻,来自永生的味道。
我们是苦痛,也是苦痛的救星。
我们是甜蜜、清凉的水,也是泼水的罐子。

每个人都能做优秀的沟通者

吃晚饭的时候,一位外公给自己的外孙女夹了一块苦瓜。小女孩尝了一口,皱着眉头吐了出来:"好苦,不喜欢吃。"

或许是出于营养的角度,或许是个人口味的不同,老人告诉女孩:"不,这不苦。"然后,任凭女孩把头摇得如同拨浪鼓,他却只一遍遍重复着那句"不苦"。

孩子的妈妈打断了他们的争论,告诉自己的父亲:"如果孩子觉得苦,那这就是她自己的真实感受,你不能强迫她忽视自己的感受,而去接受你的。"

从那以后,这句话似乎成了小女孩的座右铭。每当有人想要强迫她时,无论对方是谁,她都会义正词严地告诉对方:"你不能替我去感受。"

在替女儿说话时,这位妈妈体会到了女儿的苦恼,并为女儿展示出了另一种可能——人可以遵从自己的感受,拒绝自己讨厌的事。这不只维护了女儿的饮食习惯,更维护了女儿幼小的自我,小女孩因为这次沟通获得了内心的成长,开始主动为自己的感受发声,并为之勇敢战斗。可以说,这位妈妈成功发起了一次逆转式沟通。

如果说,女孩的妈妈是出于对女儿的爱,所以才会时刻关注女儿的内心,并用语言维护、启发女儿。那么,那些非亲密关系的人们,在进行逆转式沟通时,更加需要的则是勇气。在解释逆转式沟通的重要性时,常会有人说"我只是个平凡的人,没能力改变些什么""这种事情,只有专业的心理医生才能做""逆转别人的生活?我怎么可能做到呢"。

在沟通中,我们常常会产生类似的不自信,这种不自信来源于两个方面:

1. 不相信自己拥有影响别人的能力；
2. 不相信沟通拥有逆转人生的能力。

逆转式沟通不仅需要被启迪的一方勇敢改变自身，作为沟通者，除了真诚与细致外，也同样需要勇气。

在斯科特·派克的《靠窗的床》中，讲述了一座护理院中发生的故事。里面的人物性格各异，但是其中最具人性光辉的，则是一位患有严重脑瘫的年轻人。他从出生起就躺在床上，外形丑陋，宛如怪物。他唯一能发出的声音，是一种类似羊叫的声音，唯一能做的动作，是用手指关节敲击一张字母板，由此拼写出词语。但即便如此，几乎整座护理院的人都无比爱戴他。对未来心怀迷茫的护工，因为受到过他的鼓励，开始积极地面对生活；精明能干的护理院的院长，会在困惑时找他聊天，他总能将她一语点醒；迷人的女护士爱上了他，认为他是"男人中的男人"。即便后来，他因为意外去世了，人们依然无比怀念他，每次谈起他时都热泪盈眶，缅怀他的智慧与善良。

这个故事其实存在着原型，作者斯科特·派克曾遇到过一位学习心理学的残疾人,他们曾在一起共事。初次见面时,斯科特被对方的样子惊呆了,这位叫作亨利的年轻人患有严重的脑瘫,半边脸耷拉着,说话也含糊不清,大部分时间他都控制不住地流口水,走路只能痉挛着蹒跚而行。斯科特认为亨利简直是个怪物,并默默诅咒把亨利送来的人。

然而,后来在共事的过程中,斯科特渐渐发现,亨利是他遇到过的最聪明、最敏感、最美丽的人之一。亨利在整个小组里出类拔萃,他睿智而博学,并且对于别人的感受有着优秀的洞察力,斯科特将之称为"跛脚的英雄"。斯科特还认为,每个人都可以成为"跛脚的英雄",因为每个人都是不完美的,但是却都能在不完美中做出有勇气的壮举。

巧合的是,逆转式沟通的代表人物艾瑞克森也是跛脚。脊髓灰质炎让他留下了残疾,然而,他和斯科特笔下的跛脚英雄一样,具有超凡的勇气。他帮助很多人实现了逆转,并且通过教学研讨会等方式,不断将这影响力扩散出去。曾有人问艾瑞克森为何要进行教学研讨会,他答道:"我希望教会更多人如何思考、如何应付难题。"

每一次沟通,都会在人们的脑中留下痕迹,并造成长远的影响。如果一位普通的母亲,可以因沟通而让孩子获得成长,如果一位行动不便的残疾人，可以因沟通而让别人获得治愈，我们又有什么理由认定自己不具备这样的能力。

惊人的"逆转惯性"

我们是从什么时候学会沟通的？应该是从我们还是个婴儿的时候，那时的我们虽然不会说话，对于大人口中的那些词语，也不知道确切的含义，但是，我们已经懂得捕捉别人发出的信号。

如果我们的妈妈在喂我们吃辅食的时候，她看着颜色怪异的果泥，露出嫌弃的表情，我们也会立刻将食物吐出来。在那一刻，妈妈的脸，就是我们读懂她的渠道。

我们长大一些后，学会了用语言表达，也学会了分辨别人的语言。我们已经可以听出字面意义外的潜台词，当我们提出要求，父母告诉我们"不行"，我们却能从他们的口气中听出是否还有转圜的余地。有很多次，我们听出了他们的犹豫，于是我们不断恳求，终于换回了一句"可以"。平生第一次，我们发现沟通原来也暗含玄机。

我们长大成人，终于知道如何用沟通作为工具，去建立与他人的关系。我们有了朋友，有了同事，有了倾慕的人，有了所谓点头之交和人生知己，当然，我们还有了敌人。从我们父母身上学来的沟通之道，成了我们与别人建立关系的方式，我们深受父母态度与品味的影响，传承了那些美德，拥有了那些品格，当然，也继承了父母的怯懦、偏见与恐惧。我们开始走出家门，和更多人沟通，他们都像是我们的老师，也都能做我们的镜子，我们从他们身上学习着，也反省着。

而在这个过程中，我们每个人的经历、性格和爱好，都随着成长不断丰富多样，我们也因此不断获得新的沟通心得。这些心得不断撞击着我们，震撼着我们，也改变着我们。而我们作为一个独立的个体，也与其他独立个体不断碰撞，而在我们成为群体中的一员时，也会与其他群体不断碰撞，一次次冲突和化解冲突的过程中，构成了我们所生存的世界。

可以说，只要我们存在一天，我们便会活在沟通之中。也正因此，逆转式沟通对我们所产生的影响，从表面上说，是我们说话或者倾听的方式，而究其根本，是改变着我们生活的模式。在很多关键时刻，它还将成为我们解决问题的依据，我们因为一次次逆转而总结出了经验，或是形成了一种良性的惯性。即使有一天，当初促使我们改变的愿望已经得到了满足，但是由此引发的正向改变却依然会延续下去。

一位著名造型师在讲述童年经历时，这样说道："我之所以能拥有今天的一切，都是因为13岁那年姑妈对我说出的一句话。那时候，我被父亲和继母虐待，进而赶出了家门，绝望中想要自杀，就在这时姑妈来看望我，她看出了我的不对劲，然后告诉我：'你必须好好活着，不让那些欺负你的人得意，你活得越好，他们才越难受。'就这样，我活了下来。现在，我早就不为仇恨活着了，但是那句话带来的震撼，我永远记得。"

因为遭受巨大的羞辱，"复仇"成了他活下去的动力，但是在复仇的过程中，他逐渐品尝到了实现自我的滋味，这种滋味让他感到欣喜和振奋，即使后来心中没有了复仇的欲望，但是对于自我价值的挖掘，却已经成了习惯，让他源源不断地从中受益。

在逆转式沟通中，常会发生类似的情景。在逆转之时，不是所有人都怀有远大的理想或宏伟的目标。有些时候，支撑人们改变的动机听来十分肤浅，甚至有些好笑；有些时候，人们在改变时，对于对方的建议还有些懵懂，并不能百分百地理解。在这种情况下，逆转式沟通之所以还能够启动，并且持续下去，是因为在种种理由与建议之下，都有着对于自我的唤醒。这几乎是一种本能的呼应，我们的潜意识受到召唤，蠢蠢欲动，就像是种子，一旦感知到水分和养分的存在，就会拼命钻向地面。

一位女企业家讲过的一段往事，也印证了这一点。她高中时进入了一所风评很差的学校，校风涣散，大部分学生靠着父母赚来的财富花天酒地，很多女生的人生目标就是嫁给一个有钱人，以此锦衣玉食。而家长们的目光全都聚集在成绩上，不满意就打骂训斥，很少有人顾及孩子的内心成长。

女企业家当年还是名少女，虽然并不赞同身边同学的做法，但也不知道自己该怎么做，直到她遇到了一位老师。那位老师十分具有亲和力，不仅总是和她聊天，关注她的爱好和愿望，而且告诉她："你长大后，无论从事什么职业，一定要做个自立的人。一个女性只有自立，才能获得尊严。"少女顿时像被击中了一样，虽然当时她对于自立并不十分理解，但是这个正向的信息，却深深刻在了她的脑中。从那以后，她总觉得不能再虚度时光，需要为未来做些什么，于是，她不再和同学一起去游戏厅或公园玩耍，而是专心读书。后来，随着少女长大，经历的事情越多，她越来越明白老师说的是对的，每次她懈怠、消极、想要放弃的时候，就会想起这句话，脑中顿时拉起了警笛声，让她一次次振作起来。

我们为何要如此倡导逆转式沟通？就是因为逆转式沟通具有惊人的持续性。这种持久性源于它对潜意识的深入，其发散出的正向信息足以在心灵的最深处扎根，迅速成为我们的一部分，伴随着我们一路成长。在我们接收那些正向信息时，即使并未能理解信息的全部意义，被激活的潜意识却已经促使我们迈出了脚步，并且在以后的日子里，通过改变而获得的观点、精神、思路、习惯等，我们会真正理解那些正向信息的含义，认同它，由此让它继续发挥作用。

如果将这个过程简明地表达出来，就是：接受正向信息—潜意识被唤醒—付诸行动—获得逆转—因为逆转，而进一步理解并认同正向信息—改变持续发生。

逆转式沟通所能带给我们的影响，就像《纽约时报》所做出的评价一样："让人们了解到如何超越固有的限制，如何将负面的经验重塑成正面的经验，并且发掘出其中的价值。"

如果此刻在我们的对面，正坐着我们的孩子、伴侣、亲人、朋友或其他我们重视的人,相信我们都愿对方能通过沟通获得改变,我们也必然希望,他们能在未来从这场逆转中持续获得力量,不断画出属于自己的精彩的"V"字轨迹。